JN142628

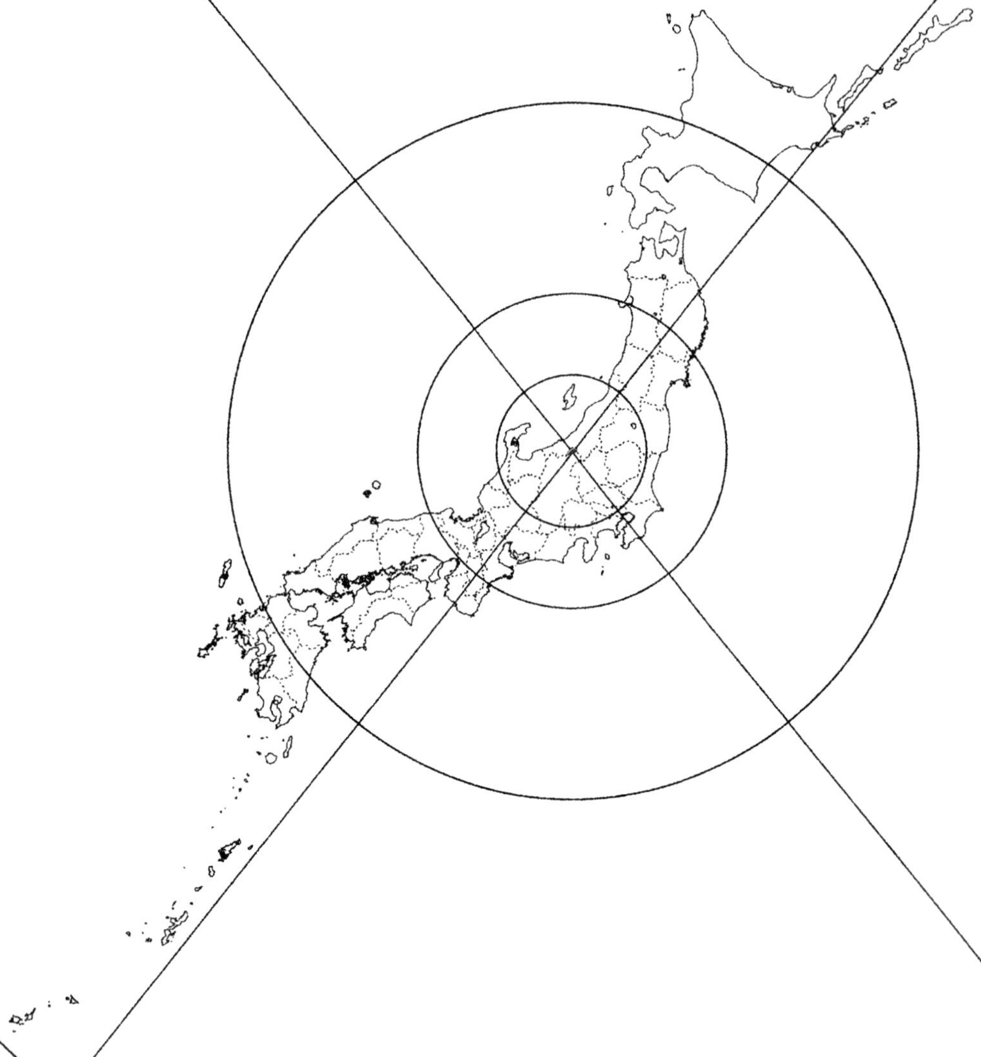

鶴と亀

TSURU KAME

奥信濃のリアルなストリートカルチャー。
じいちゃんばあちゃんの日常ライフスタイル。
ここだから出来ることを、 ここでやる。
きっかけはいつだって足元に。 発信源は奥信濃。

PROMENADE

WE GOT WELL
GORE-TEX
AHEAD OF OUR
RIVALS

YANMAR

カカオ
&
マロン
相性のよい2種類の味を組み合わせた
ローソンオリジナルアイスクリームです。
各270円(税込)
本町レンガ通り
トケイ・メガネ・宝石
イケガワ
本町レンガ通り
Coffee & Rest
明治屋
ミセスショップ
飯山 本町

防犯カメラ作動中
Canon
My Original PowerShot.
LAWSON

いらっしゃいませ

2017
4
APR
野田屋商店
生きているつもりのまんま生かされていた私
つるそばうまい
はしば食堂さんへ
いらっしゃいませ

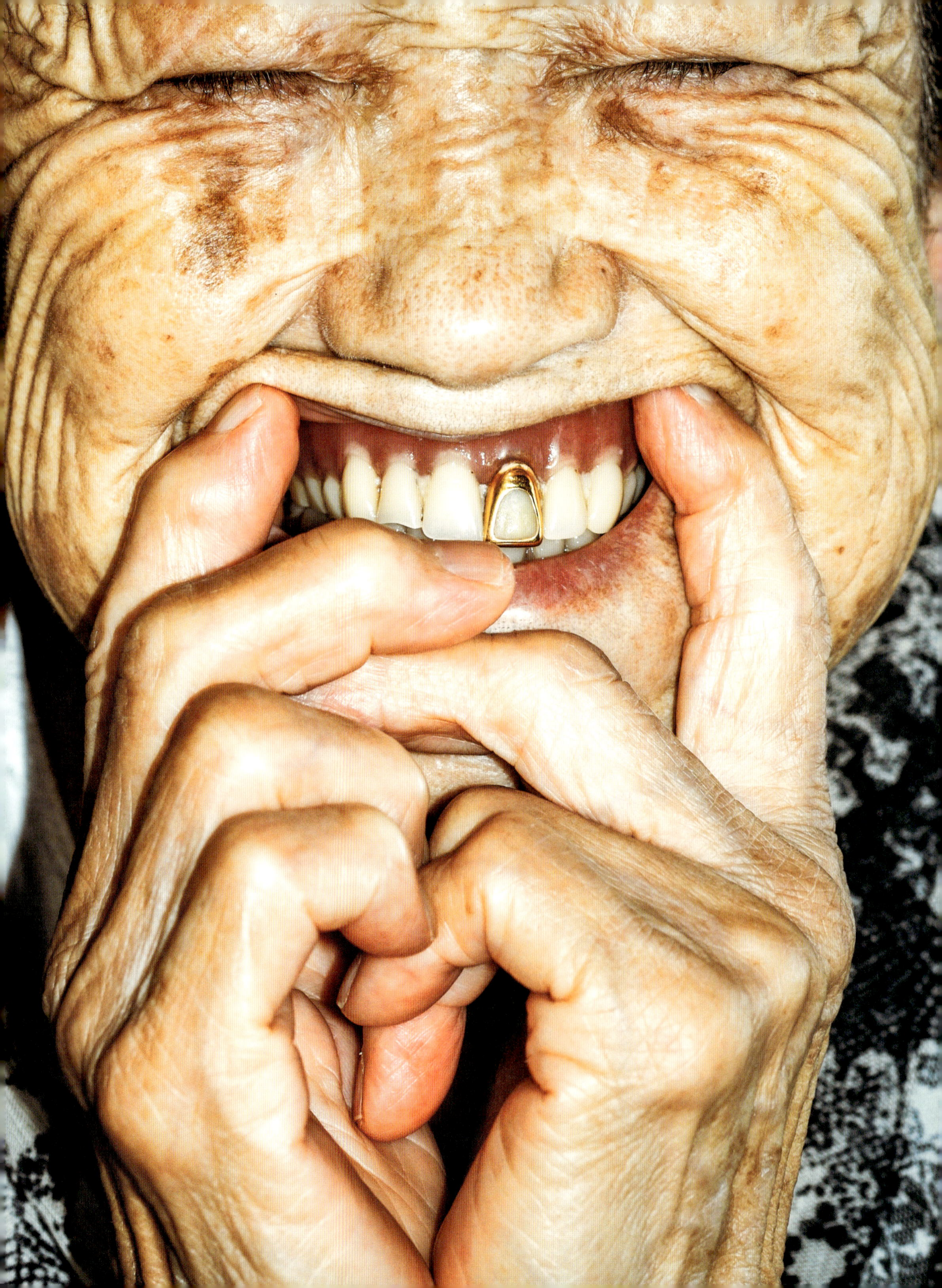

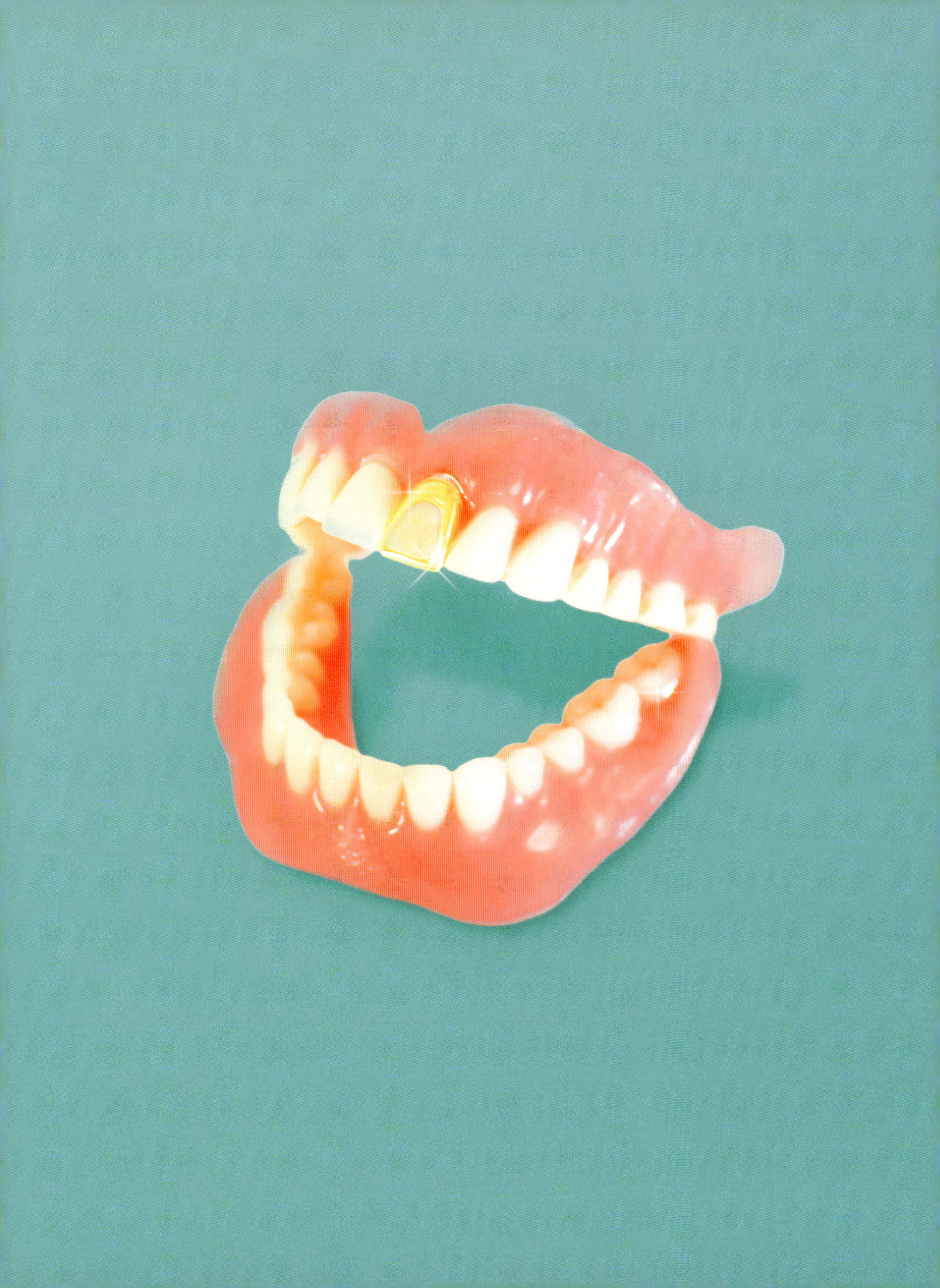

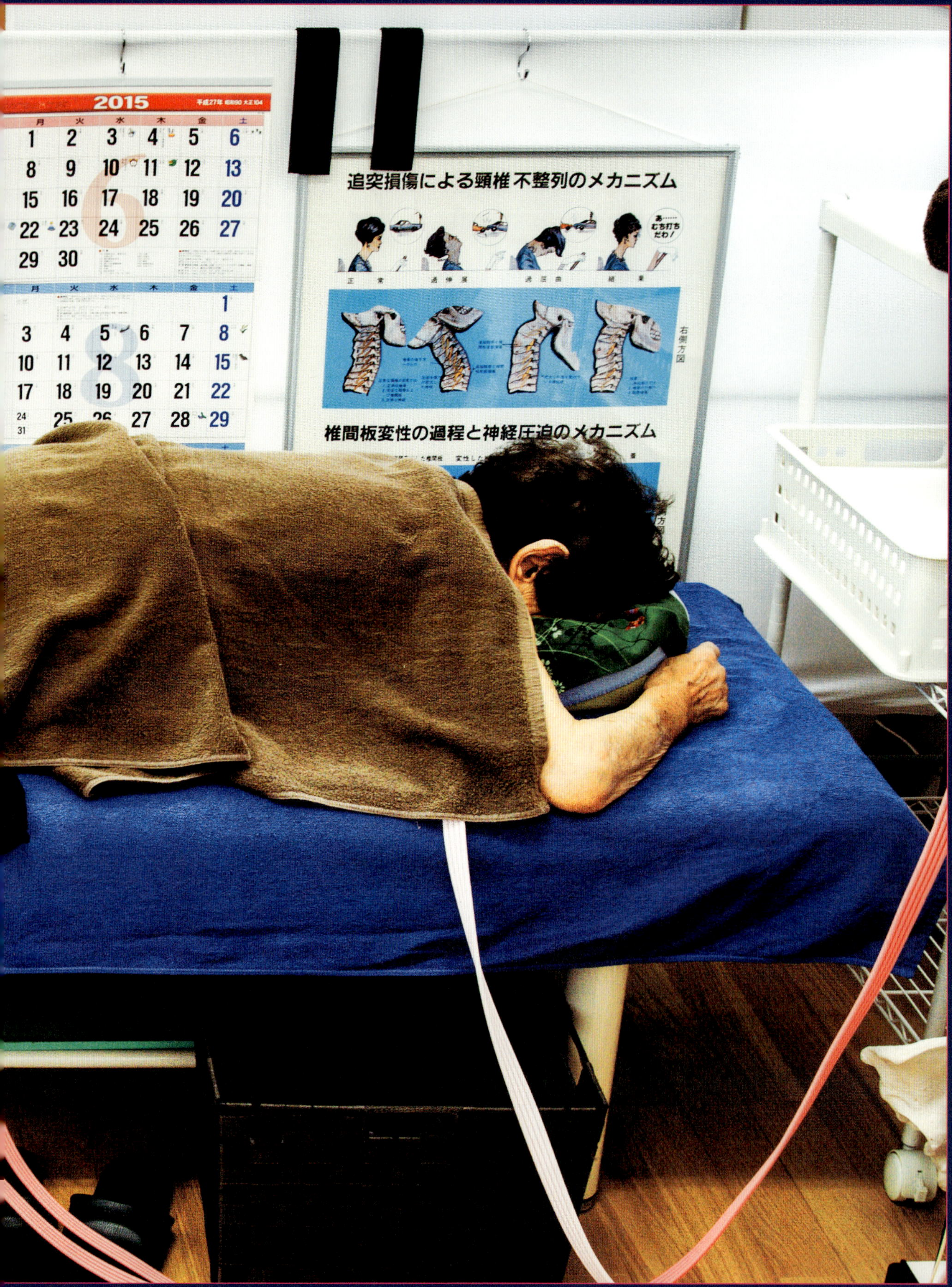
2015
追突損傷による頸椎不整列のメカニズム
椎間板変性の過程と神経圧迫のメカニズム

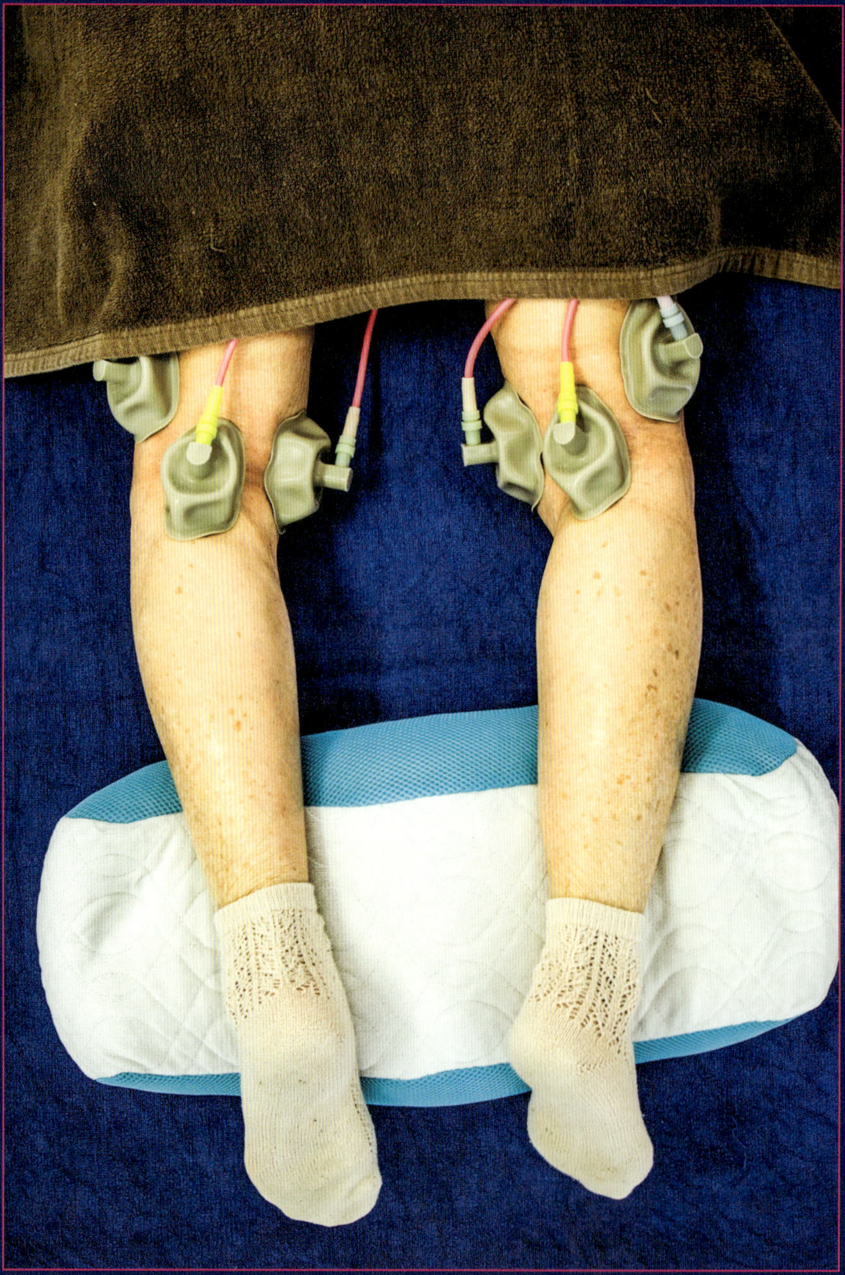

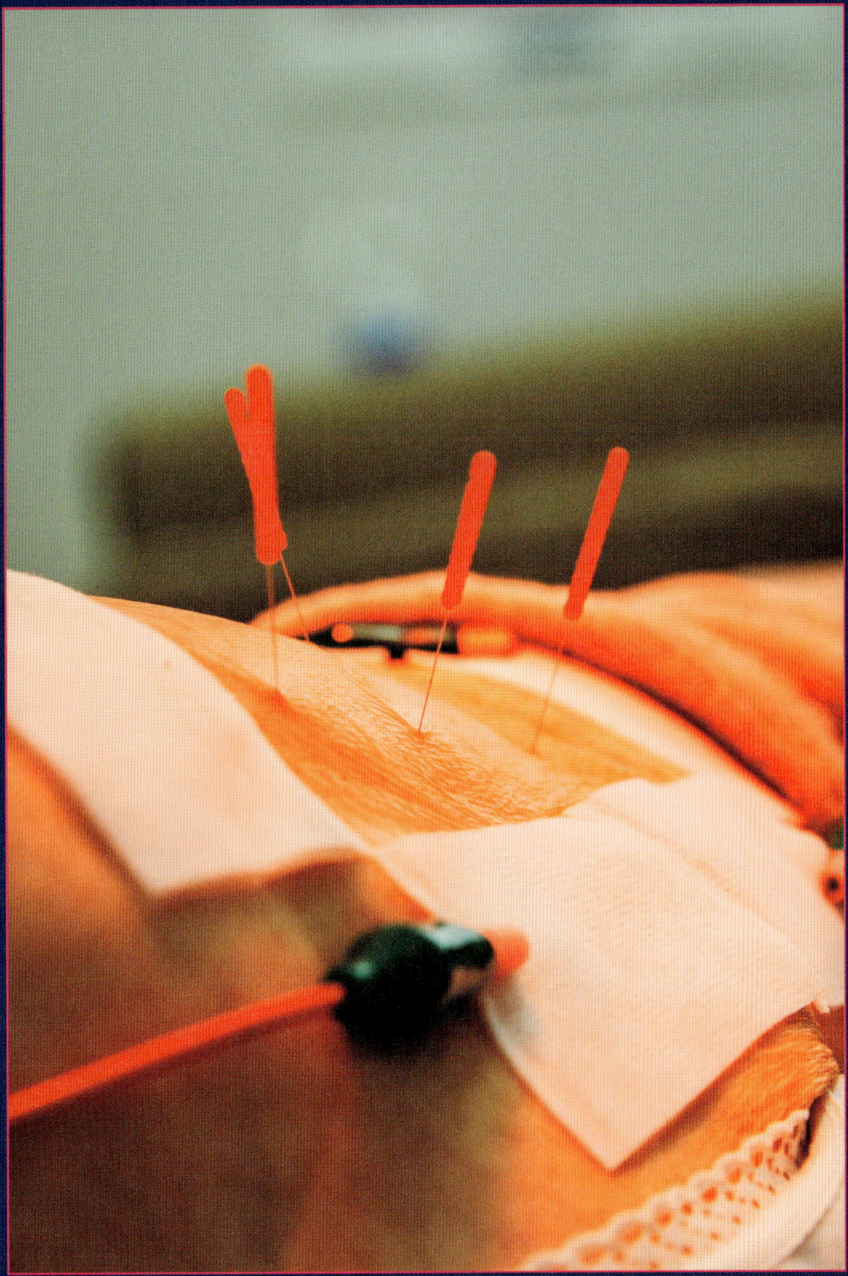

These are their pills to have at once in a day. Nothing more than that. Average of their dosage is 4.8pills per person. ※ 1.Tokuzo's suspicious powder is made from mixing roasted viper and Japanese striped snake in a blender, It looks likely to work well.

いちゃん・ばあちゃんが朝、昼、晩のどこか1回で服用する薬量。ただそれだけ。平均服用量は約4.8錠。※1.徳造さんのあやしい粉はマムシとシマヘビを焼いてミキサーにかけたスペシャルパウダー。こいつはヤバイくらいにききそうだ。

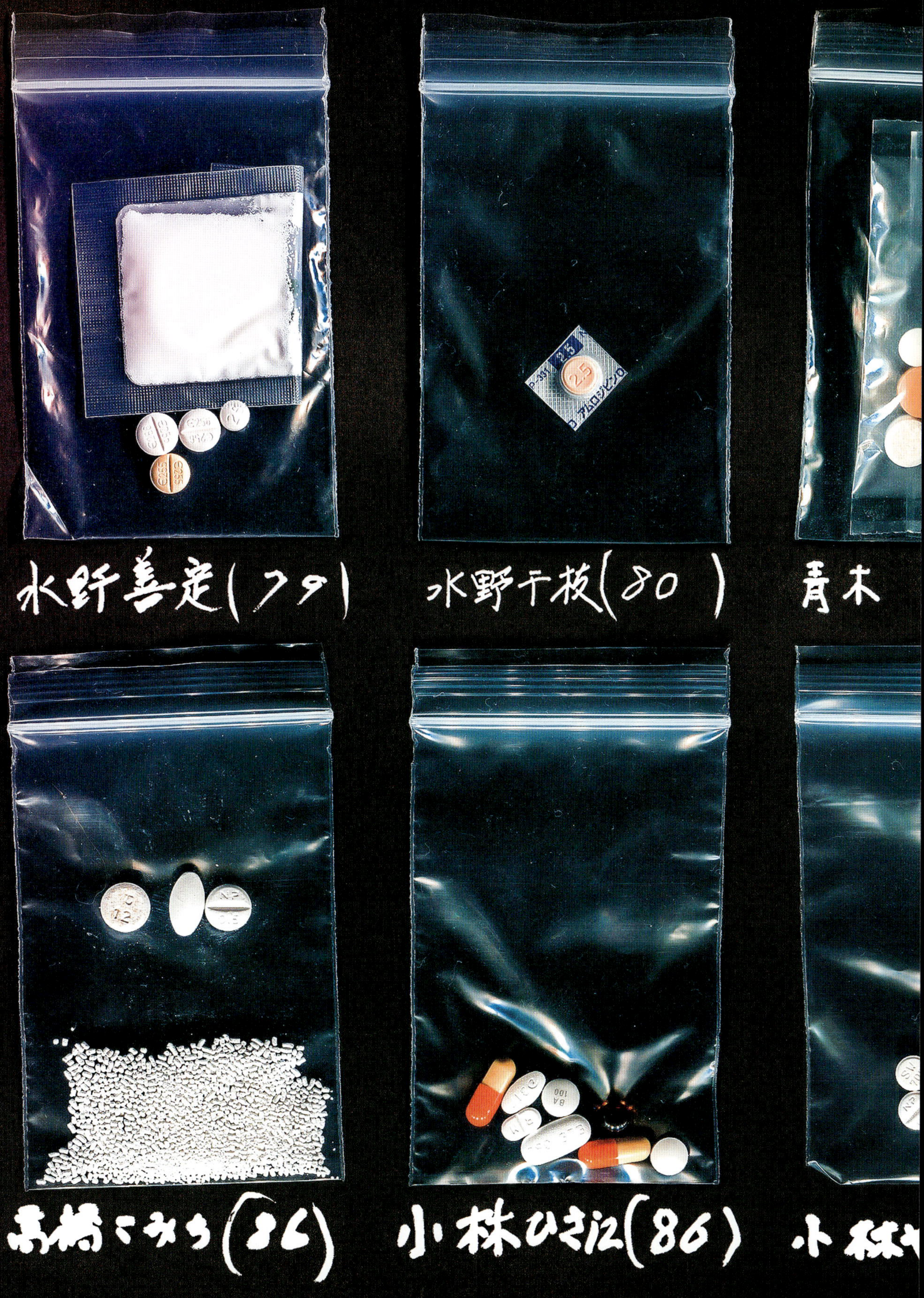

大五郎

紅甘夏

CAFE & BAR & MUSIC
ambis
Lunch Time 11:30-15:00
Bar Time 19:00-24:00
www.togari-ambis.com

TYPOGRAPHY: YUTA KAWAGUCHI

目覚めの瞬間。

中学生の頃、ヒップホップやストリートカルチャーにのめり込んだぼくは、CDや雑誌を手に入れるため、よく隣の市のTSUTAYAまで、車で40分くらいかけて母ちゃんに連れて行ってもらってた。もちろん近くにNEW ERAとかが買える服屋なんかもなくて、雑誌の通販ページに載ってる服を、送料無料になる土曜日に注文するっていうのがおしゃれへの最短ルート。中学生の終わり頃には、家でネットが使えるようになって、ファッションに限らず、クソ田舎にはない刺激的でカッコイイものを毎日夜更かしして貪ってた。テレビ、雑誌、ネット、どれを見たってイケてるものは都会のもので、ここのクソ田舎にはイケてるものなんてない。そう思ったぼくは、高校卒業後、大都会東京にイケてるものを求め奥信濃を離れた。

そして念願の東京をエンジョイしてたわけなんだけど、雪がふる前の寒い時期、実家に帰省するタイミングがあって、しばし奥信濃に。あいかわらず、山しかねえなーって都内のイケてるセレクトショップでゲットした服を着て、SoundCloudで落としたMIXをドヤ顔でかけながら車を運転してると、カッチンカッチンとウィンカーを点けっぱなしで走る、カブに乗ったじいちゃんが目の前に現れた。「曲がんのか曲がんねえのかこえーな」っておそるおそる追い抜かそうと横にならんだ瞬間、小汚いMA-1をバタつかせて、さっそうと走るじいちゃんの姿が目に飛び込んできた。バタついて時折見えるオレンジの裏地は、表の小汚いカーキグリーンとは裏腹に、点けっぱなしのウィンカーよりもまぶしく輝いていた。その瞬間、ぼくの中のイキってる細胞は、グサグサと八つ裂きにされ殺された。MA-1を着たカブのじいちゃんに。

奥信濃スタイルってなんなのかっていうと、奥信濃のじいちゃんばあちゃんたちがかもし出しているイケてるスタイルのこと。ラフで気張ってなくて自然体で、ぱっと見はファッションてことを、まったくこっちには意識させないんだけど、個々のアイテムだったり、サイズ感や着こなし方だけをみれば、かなり個性的ですごいことになってるっていうスタイル。意識させないけど個性的っていう、清純派AV女優なみにギリギリな存在。

イケてる特徴をあげるとすれば、まず言えるのがスケーター的なラフ感。ちょいオーバーサイズでゆったりめの着こなしが基本。中には、ボタンの掛け違えや、パンツのチャックを開けてラフさを演出する強者もいるよ。あと、代表的なイケてるスタイルといえば、ばあちゃんたちの柄の着こなし。柄の種類はすごく多くて、キュートな花ガラに始まり、曼荼羅とかの和物もあるし、トリップしちゃいそうなくらいサイケデリックでアブストラクトな幾何学模様だったりとすごく豊富。

おそらくそのへんに干してあったり畳んであったりする服をちょちょいと着ただけなんだけど、ラフさやシンプルさの中に、自由さだったり遊び心だったりハズしが入っていて、すごく楽しさが伝わってくる。それを、さらっと着こなしちゃうんだから、これってマジ究極のスタイルなんじゃないかって思わされる。

OKUSHINANO STYLE SNAP

ぼくらの何倍も生きてきた彼らから、
自然とにじみ出るそのスタイル。
やっと、お洒落やかっこいいの意味が
分かってきた気がする。
真似したっていいし、しなくたっていい。
いつだって気ままに自由でいる。
それが奥信濃スタイル。

STYLE. 01

豪雪地帯っていうハードな環境が、編み笠に、スキージャケット、アーミーパンツっていうオリジナリティある着こなしを生み出す

STYLE,02

こんちは！って挨拶して通りすぎちゃってたけど、膝まであるロング丈の半纏や手ぬぐいの攻めた巻き方は、これぞ「スタイル」って思わされる

STYLE.04
それぞれ異なった色や柄を何層にも重ね着するレイヤードスタイル。ひとつひとつを見るとバラバラなんだけど、全体で見るとまとまってるすごさ

STYLE.03
今じゃどこにいたって見るフライトジャケットだけど、シブい顔と年季の入ったフライトジャケットの組合せは奥信濃ならでは。防寒性もバッチリ

STYLE.06
サングラスのレンズをグラデーションにするってのが経験値の違い。全体のカラーリングやサイズ感のバランスも完璧

STYLE.05
手ぬぐいをベルト代わりに腰に巻いちゃう自由さが最高。ワークパンツに自然についたシワやダメージもいい

STYLE,07

キャップの下に手ぬぐいをかませるラッパーのようなスタイル。これも奥信濃の定番

STYLE,08

ワイドめなパンツにポロシャツをタックイン。自分のスタイルの良さをわかってるからこそ出来る、余裕のあるこなれた着こなし

ここでゲットしろ 奥信濃スタイルショップリスト

赤のれん

品質にこだわり創業 102 年。

「いいものを長くつかう。うちはそういう店」と 83 歳の店主我妻さん。ここの店のジャケットやワークパンツじゃなきゃダメだと、市外からもリピータがやってくるという。あと 10 年はお店をやるとのこと。

長野県飯山市田町 2342　☎ 0269-62-2336

マルスケセンイ

奥信濃の 109 的スポット。

じいちゃんばあちゃんに、どこでゲットしたのか聞けばよく出てくるのがマルスケ。普段着、作業着、下着なんでもそろっていて、値段もリーズナブル。圧巻のラインナップの中からお気に入りを見つけだせ。

長野県飯山市本町 1179　☎ 0269-62-2358

阿藤ふとん店

ふとんだけじゃないふとん店。

中心街から外れた北のエリアにある阿藤ふとん店。ふとん店だけど作業着や洋服、小学校の体操着や座布団カバーなど品揃えが豊富で、街まで出るのが大変なじいちゃんばあちゃんは大助かり。

長野県飯山市大字常郷 10-4　☎ 0269-65-2059

マルトミ

お茶と漬物が出てくるミセスショップ。

店内は奥信濃のミセスたちが、ちょっとお出かけするときに着るような、上品で色鮮やかな洋服がならび、お茶と漬物を囲むミセスたちの笑い声でとっても明るい雰囲気。ついつい長居しちゃうお店。

長野県飯山市南町 22-7　☎ 0269-62-2471

奥信濃スタイルはあと10年で消滅!?

グローバル化の波ってやつは、奥信濃にも押し寄せて来ていて、60 代後半～ 70 代前半の若いじいちゃんばあちゃんは、無地だったりジャストフィットな、都会的な着こなしが多くなってきている。もしかすると、奥信濃の代表的な風景だった、たくさんの柄を着て畑で作業するばあちゃんの姿は、いずれ見れなくなる？

マルトミ
カラフルな柄が入った洋服や、色鮮やかな洋服が店内をいろどる。
世の中には、こんなにもの柄や模様があるのかと驚かされる。

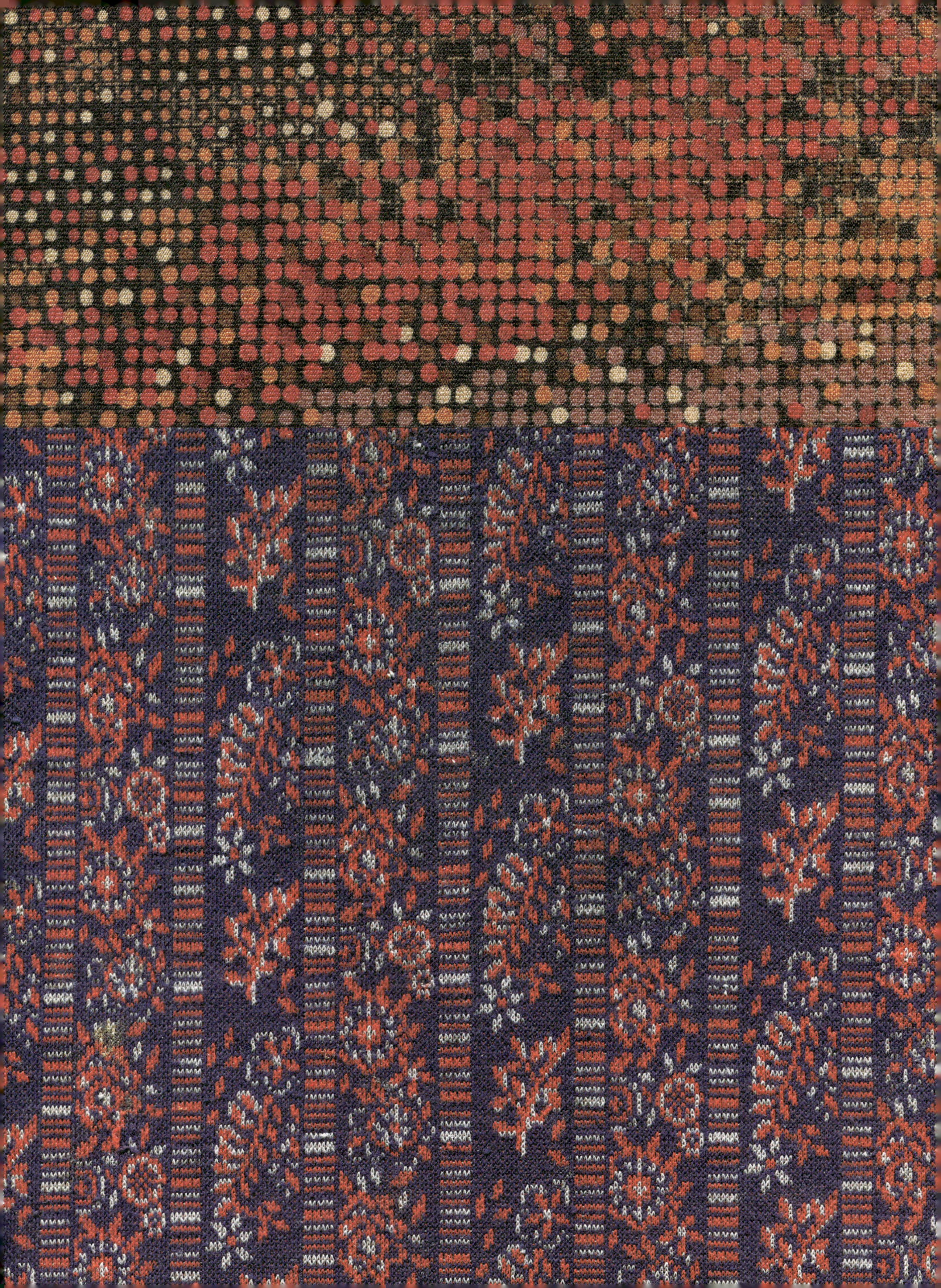

SAMPLING & JOINTS

じいちゃんばあちゃんのイケてる服をサンプリングしてつくって着てみた。
若者と年寄りと、都会と田舎。

NO.1 JA CAP

奥信濃のじいちゃんばあちゃんがよくかぶってるJA CAP。飯山市農業協同組合が発足10周年を記念してつくった30年以上前のモデルを、サイズ感や素材を変えてリメイク。ネイビー＆ホワイトのシンプルなデザインが合わせやすい。

NO.2 HISAE HAT

ひさ江さん(87)の雨合羽からパターンをサンプリングしバケットハットにリメイク。15年以上前の雨合羽だが、花とエンブレムとペイズリーが連なったパターンは、まるで、ありきたりなパターンに中指を立てたような特異さをはなつ。

NO.3 KOMICHI MIDDLE SKIRT

こみちさん(87)のカーディガンからパターンをサンプリングしミドルスカートにリメイク。ジャガード織で織り上げられたモノトーンのペイズリーパターンは、上品さと、どこかほのかにノスタルジックを感じることができる。

JA CAP

HISAE HAT

KOMICHI MIDDLE SKIRT

1000
日本銀行券
千円

社会の窓をこじ開けろ。

1991年に生まれたぼくは、またまたケツが青い若造です。現在「ケツが青くないイケてる男になりたい」という大志を抱き、山深き奥信濃で日々を過ごしております。情報化が進んだ便利で自由な時代に生まれたおかげで、このど田舎奥信濃にいながらも、イケてる男になるための情報は簡単に手に入る。「結局、見た目よりも中身」だとか「自分らしさ、自分たちらしさ」だとか。それどころか、ありとあらゆる情報を巻き込んだ、情報化のビッグウェーブってやつにのみ込まれちゃって、身動きがとれなくなることが日々の生活の中で度々ある。買い物とか、仕事とか、恋愛とか、色々な場面で。そんなぼくを横目に、ケツの青さなんてとっくのとうに消えた奥信濃のじいちゃんばあちゃんは、見たことのない柄の服を着て、自分でつくったマムシパウダーをキメて、ガートラに乗ってお茶飲みに出かける。

奥信濃にいると、こんなふうに、自由で便利な時代を生きているぼくよりも、不自由な時代を生きてきたじいちゃんばあちゃんのほうが、タフで自由な生き方をしてるなって感じるときがある。これはちょっと言い方が悪いけど、70、80歳を過ぎて「もうあとは死ぬだけ！」みたいな吹っ切れた感じもあると思う。でも、一緒にいたり話しをしていると、若いときからこういう生活をしてきたんだなって感じる。ずっとこの土地で自分たちのリズムでこういう暮らしをしてきたんだなって。ここで気をつけなくちゃいけないのが「田舎て」とか「自分たちのリズムで」って文字から、「田舎でのんびりスローライフ」みたいなのを想像したらダメってこと。奥信濃は豪雪地帯だし、住みやすい場所なんて他にいくらでもある。ゲームでいえばハードモード。過酷な大自然、切っても切れない繋がりの共同体、数々の面倒くさいことに真正面から挑み、経験値をつみあげてきた。攻略本を読みあさってるだけのぼくとはレベルがちがう。そりゃ、じいちゃんばあちゃんのほうが、タフで自由なわけだ。ぼくらの時代の奥信濃ライフも、どうやらイージーモードではなさそうだ。おびただしい数の情報や、行く先が見えない閉塞感で、大自然に囲まれてたって息苦しい。この固く閉ざされた社会の窓をこじ開けるべく、ぼくはパンツのチャックをつまみ下ろす。あのじいちゃんのワークパンツみたいに。つべこべ言ってないで社会の窓をこじ開けろ。それがぼくらのやり方、奥信濃スタイル。

SAMPLING & JOINTS

出演
渡辺吉宗
小林ひさ江
高橋こみち
ハシヅメミキ
Bell(F.V/B.A)
大口あづ記

衣装製作
たがわゆりえ（キャップ、ハット）
相子製作所（スカート）

布プリント
coromoza

協力
青木純（メゾン青樹）
ケンコバ
小原和也（弁慶）
今清水はる香

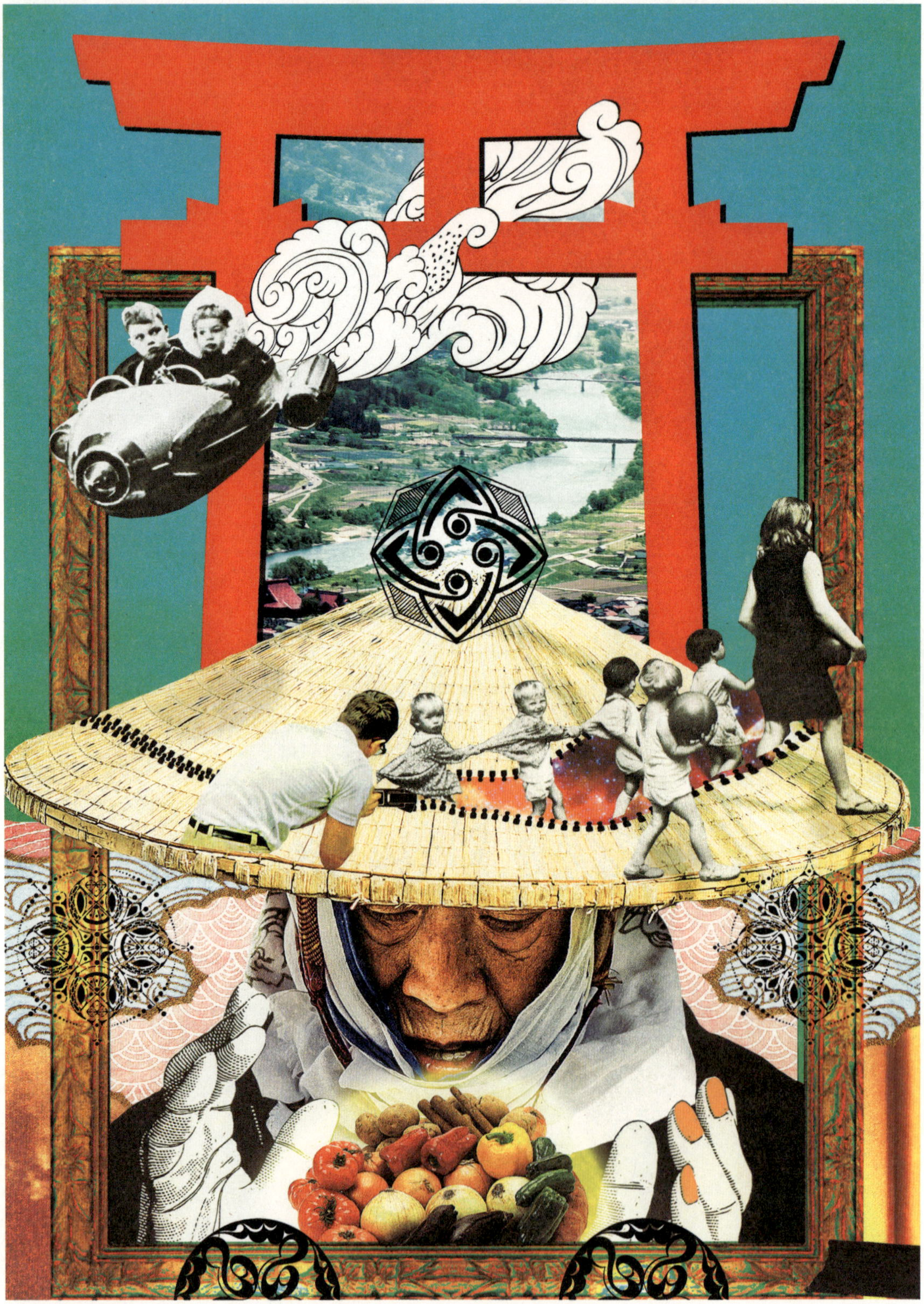

(有)キシダオートガレージ

パンチライン

おいおい、ゴングがなるってのにノーガードじゃ危ねえ。
「魂の叫び」という名のヘビーなパンチが飛んでくるぜ！
しっかりガードを固めておきな！

CG GRAPHIC: YUSUKE OIKAWA

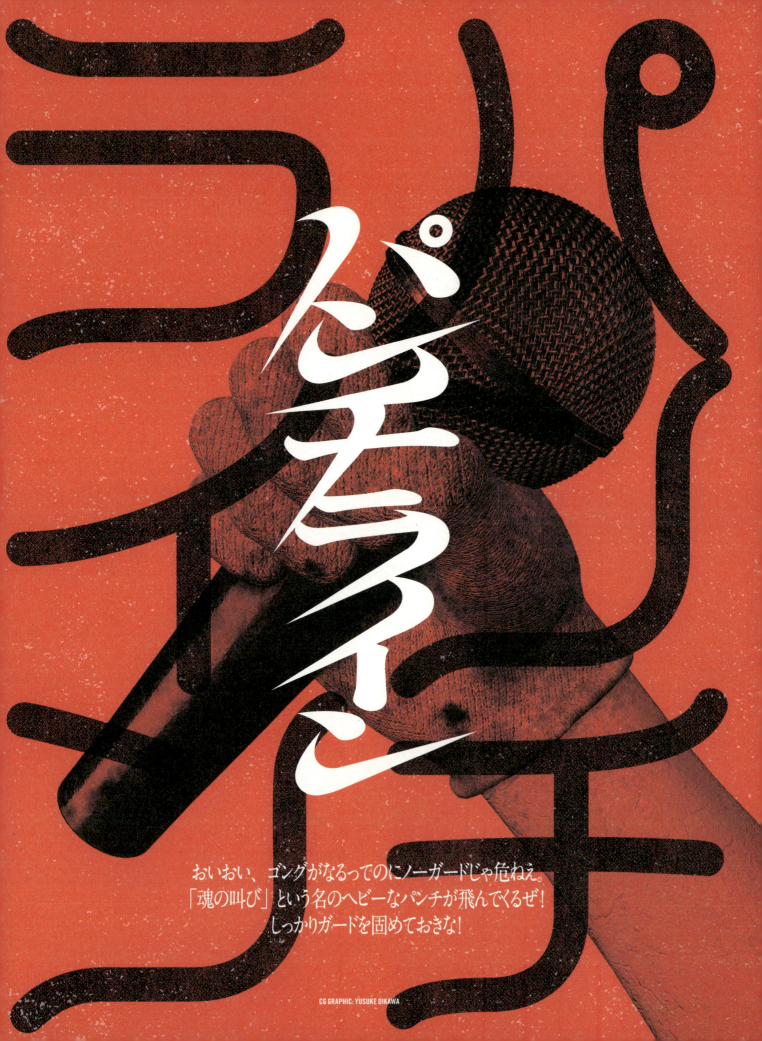

おえ赤雪ふるどぅ!

3.5MIC

珍しいことが起きたときに、よく、雨がふる、雪がふるなんて言うだろ? 雨も雪もハンパなくふる奥信濃じゃ“赤雪”がふるくらいじゃねえとびっくりしねーのさ。赤雪なんて見たことねえけどな。

4MIC

息子と口論になった母ちゃんが言い放った強烈な一撃。息子はぐうの音も出ずノックアウト。このパンチラインと母ちゃんのタッグは、まさに鬼に金棒だな。おっかねえ。

“じぬ”なんてせえ悪い
“えの”ならせえ良いのに

3MIC

言葉のリズムが最高に気持ちいいな。奥信濃では“い”を“え”って発音して、“言う”を“せう”って発音するんだ。おい、たしかに“えの”のほうが言いやすいかもしんねーぞ。ちょっと口ずさんでみな!

おれ今度、病院で〝えもあらい〟してもらうんだっちゃ

4MIC

腰をやられちまったばあちゃんが、病院で医者にMRIで精密検査しますって言われたんだけどよ、MRIを“えもあらい”(芋洗い)って聞き間違えちまったんだ。芋洗って検査ってどこのブラックジャックだよ。こいつは色んな聞き間違えの中でも、かなりハイレベルだぜ。

5MIC

おいおいおい、とんでもねーのがでちまったな！病院の肛門科に来たじいちゃんが、かましやがった。そう、糞切り包丁って肛門のことだぜ。なんだこの超スキルフルな言い回しは。NASかよ。文句なしの5MICだ。

飯山市老人センター
湯の

暗緑の地の宴へと
向かう奥信濃の老人。
その先にあったのは、
謎のディープスポット
湯の入荘
そして遭遇する衝撃の実態を
サバイバルレポート。
ケアセンター

湯の入荘

我々がじいちゃんばあちゃんをスナップしはじめて、もう数年が経つ。スナップしているとよく耳にするワードがある。「今日はみんなとユノイリソウ行ってきたんだ」「明日はユノイリソウで体動かすんでえさぁし」。それはこの「ユノイリソウ」というワードだ。少し気になって探りを入れてみた。はじめは名前からして、老人ホームか介護施設だろうと思っていたがちがうらしい。ユノイリソウとは『老人福祉センター湯の入荘』のことだった。確かに『湯の入荘』と口にするじいちゃんばあちゃんはみんな達者で、老人ホームのイメージとは繋がらなかった。もう少し詳しく、とネットで検索をかけてみると、どうやら老人福祉センターとは、高齢者が健康で明るく生きがいのある日常生活が送れるよう、健康の増進、教養の向上およびレクリエーション等に利用できる施設のようだ。湯の入荘は基本的には60歳以上の方が利用できる施設で、土曜日の一般開放日のみ誰でも利用できるとのこと。しかし、ネットから得られる情報はこの程度が限界。我々はパソコンのブラウザを閉じ、潜入取材を決意した。

潜入―。そして、保てなくなる平常心

湯の入荘は飯山市の東方に所在している。千曲川や田畑、春には菜の花いっぱいの風景が広がる県道38号線を走っていると、ボコボコと歪んだ湯の入荘と書かれた看板が目に入る。県道から脇道に入り、木々が鬱蒼と生い茂る高台を上がっていくと、突き当たりのてっぺんに湯の入荘は怪しく佇む。少し奥まった場所にあり、中の様子がうかがえないため、近くに住む人でさえ湯の入荘の実態を知る人は少ない。現に、我々も飯山生まれ飯山育ちでありながら初潜入である。

施設内に潜入するやいなや、どこからか不穏なメロディーが聞こえてきた。メロディーをたどって行くと、そこには大広間と書かれた部屋が。中を覗いてみると、たくさんのじいちゃんばあちゃんがいた。カラオケを楽しんでいる人もいれば、みんなで持ちよった漬物や煮物を囲んで、お茶している人もいる。カラオケで大熱唱しているじいちゃんの歌声は、ビブラートを効かせているのか、それとも声の震えなのか、なんとも悩ましい歌声だ。しばらくすると、近くでお茶を飲んでいたばあちゃんグループが「こんな下手くそな歌聴いてらんね。風呂いこさ」と捨て台詞を吐いて温泉に入りに行った。その言葉を聞いてしまった我々は、早くもここにいては平常心でいられないと大広間を後に―。大広間から少し離れたところにある個室では、囲碁同好会のメンバーが囲碁を打っていた。先ほどの大広間から、あの歌声が聞こえてくるのにもかかわらず、室内の空気はピーンと張り詰めている。碁を打つその顔はまるで戦まえの武田信玄のようだ。このときすでに我々は、ここにいるじいちゃんばあちゃんに、普段とはちがう何かを感じていた。そんな状況に戸惑いながら潜入取材を続ける。

普段とは違う彼らの姿

時間が進むにつれ開かれていた宴は狂宴へと変わっていく。この状況をカメラに収めようと写真を撮っていると「あんちゃ、写真ばっか撮ってねで一緒にお茶でも飲もさ」とばあちゃんグループに

徹底解説！ これが湯の人華！

大広間

お茶を飲んでも良し、酒を飲んでも良し、カラオケもやりたい放題の多目的ルームだ。

温泉

鉱泉100%温泉水。効能：リウマチ、神経痛、疲労回復等。利用者は「ここの温泉は効果抜群」と口をそろえて言う。

レンタルルーム

講習室、会議室、図書室のレンタルが可能だ。それぞれ、同好会の練習や発表に使ったり、密談に使ったりしている。

トレーニングルーム

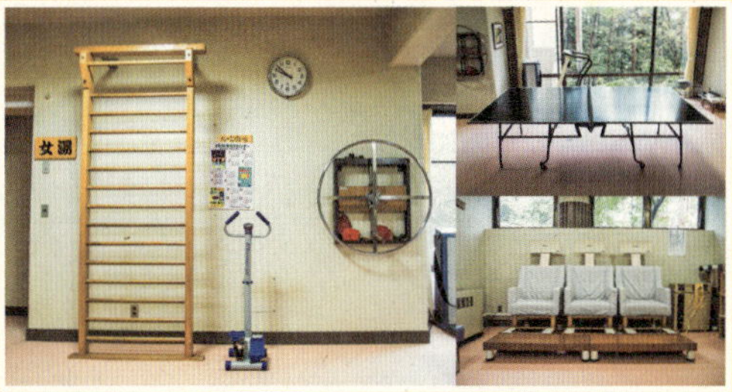

ルームランナー、卓球台、マッサージ器等設備。肉体改造から日々の疲れの癒やしまで、幅広く利用が可能だ。

送迎バス

日替りのコースで市内を巡回している。車で来れないお年寄りも、飲んだくれたいお年寄りも安心だ。

売店

食品、酒類、雑貨がひと通りそろっている。手ぶらで来ても安心だ。売れ筋TOP3は、かりんとう、キャラメル、あたりめ、なんだとか。

湯の入荘

引っ張られ、お茶飲みに参加することに。人生初の逆ナンだ。目の前には自慢の手料理がずらっとならび、すかさず湯呑みにお茶がそそがれる。「ヤバい、完全に自分たちのペースをくずされてる」と思いつつも、熟女ならではの手料理とトークスキルに魅了され、取材そっちのけでその場を楽しんでしまった。ばあちゃんの手料理は最高にうまいってことと、ガールズトークは決してかわいくなんかないってことを再確認。そうしていると、大広間に温泉から上がってきたじいちゃんグループがやってきた。腰を下ろすやいなや、ワンカップ酒をカパッと開け一杯やり始めた。「昼間っから飲む酒は最高にうまいね！」とかなり上機嫌。そのうち「おれ今日送迎バスで来たから3時まで帰れねぇんだよ。温泉も入ったし酒も飲んだからもう十分だ。あんちゃ、おれん家まで乗っけてってくれよ」と調子に乗ってきたじいちゃん。「ヤバイ、このままではまた彼らのペースに…」と再び我に返り、じいちゃんの要求を丁重にお断りした。

酒を飲むのはじいちゃんだけではない。ばあちゃんたちだって、湯の入荘にくれば酒を飲む。しかし、堂々とは飲まず湯呑みに酒を入れ、さぞお茶を飲んでるかのよう、ひっそりと酒を飲む。古風なやまとなでしこは上品なのである。こうやって湯の入荘の中は時間がたつにつれ、どんどんと混沌とした世界になっていった。

我々は日頃ストレスや疲れがたまったら、パーッと飲みに行ったり、カラオケに行ったり、ジムに行って汗を流したりする。じいちゃんばあちゃんも一緒なのだ。いくら家で好きなように野菜を作ったり、のんびりしていても溜まるものは溜まる。そして、たまには溜まったものを爆発させる。だから湯の入荘での彼らの姿は普段の姿とちがっていたのかもしれない。少し奥まった場所にある湯の入荘はそんな場所に最適なのだ。

事務室でスタッフと談笑する皆さん。ふらっと立ちよって、楽しい話をたくさん聞かせてくれるらしい。

“おれは一度も避妊したことねぇんだ。そしておれの得意技は三点攻めだ”

冒頭でも述べたように湯の入荘の目的は、高齢者が健康で明るく生活できるためのサポート。しかし、湯の入荘の利用者の中には、そんなレベルじゃない度肝を抜く元気なじいちゃんばあちゃんがいると、あるスタッフは話す。その代表がAさん(86)というじいちゃんだ。彼は湯の入荘きっての色男で、なんと86歳になった今でも現役バリバリ。彼は、自分という人間を説明するときこう言うらしい。「おれは一度も避妊したことねぇんだ。そしておれの得意技は三点攻めだ」。そう、現役バリバリとはそういう意味のやつだ。彼は帰り際にふらっと事務室により、そういった話をスタッフにして帰る。「その話を聞かされて、私はどう感情をコントロールしていいか分からない」と、あるスタッフは震えながら話す。しかし続けて「でもAさんは普段から歳を感じさせないくらいダンディーだから納得できるところがある。ダンディーだったり艶っぽいじいちゃんばあちゃんは、他にも何人かここにはいるよ」と話してくれた。湯の入荘は色んな意味での出会いの場にもなっているようだ。そして、奥信濃に達者なじいちゃんばあちゃんが多いのは、湯の入荘のような場所があるからなのかもしれない。「もの事の本質っていうのは隠されていることがほとんどなのに、だいたいの人間がうわっつらだけしか見ていない」。ぼくは昔映画で観たこのセリフを、ふと思い出した。間違いなく自分もその一人だったと、今回の取材で気付かされた。このど田舎にだって、まだ見ぬおもしろい世界や、素敵な出会いは存在する。我々の奥信濃サバイバルはまだ終わらない。

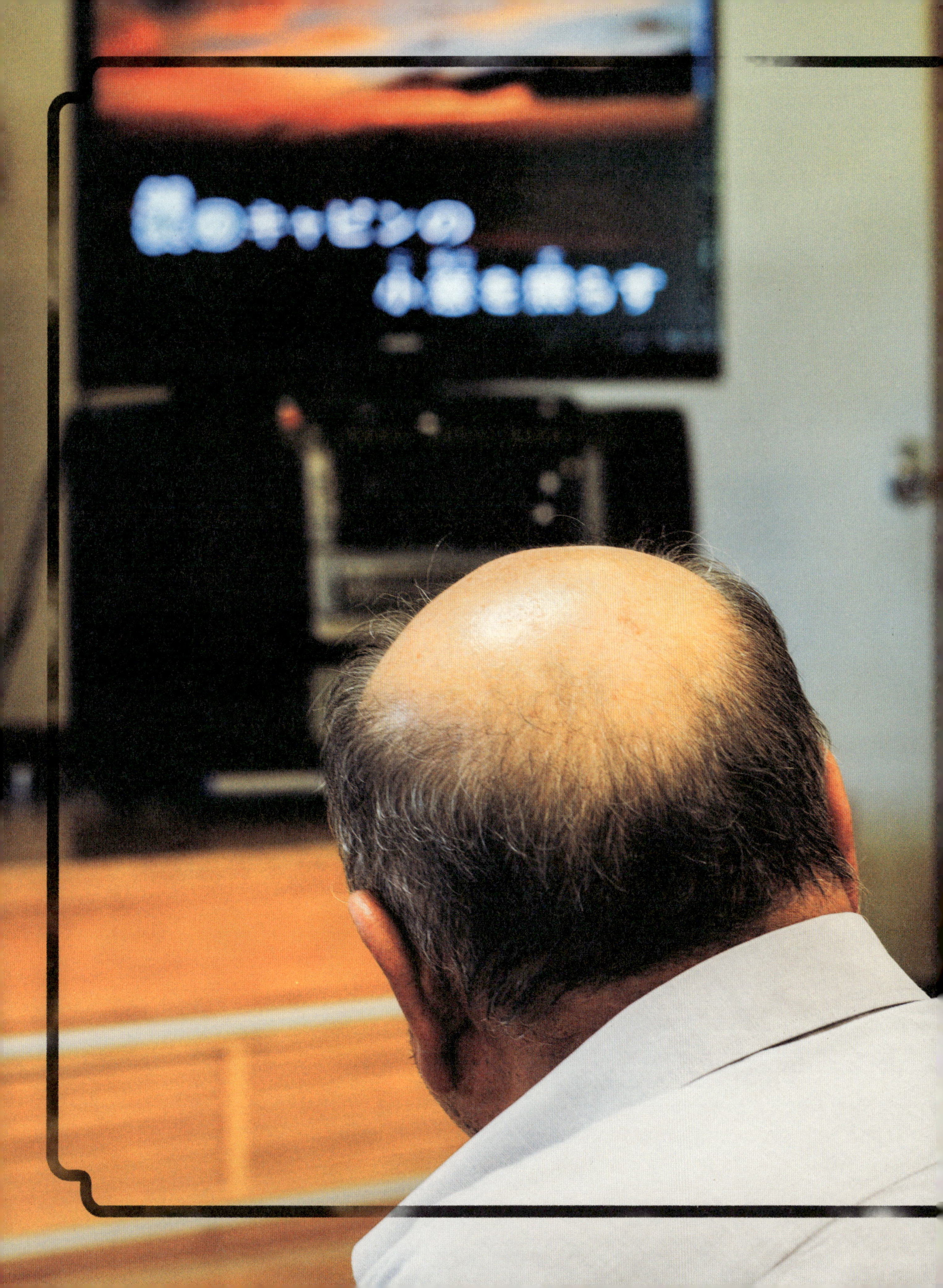

カラオケのタッチパネルに悪戦苦闘するじいちゃんグループ。

鋭い眼光に立派な口ひげ。平成の武田信玄ここに現る。

「お茶飲もさ」と声をかけてくれたばあちゃん。
ときたま出る自然なアヒル口がかわいい。

温泉卓球で鍛えた巧みなカットボールを披露してくれた。
2020年の東京オリンピックにむけて体をつくっているとのこと。

CURRY is "LOVE"

PENTICTON

www.penti.jp

Café & Restaurant
Café Penticton
焼きカレーの店

撮り下ろし企画

アイスクリーム
1個《いっこ》 140円
チュウチュウ
1本《いっぽん》 20円

ひんやりおいしいよ。!!

氷
小＝150円
大＝250円
ブロック＝280円

ゲンキ食堂

商人訓 渡辺華山
一 先ず朝は召使より早く起きよ。
一 十両の客より百文の客を大切にせよ。
一 買手が気に入らずに返しに来たならば売る時より丁寧にせよ。
一 繁昌するに従ってますます倹約せよ。
一 小遣いは一文よりしるせ。
一 開店の時を忘れるな。
一 同商売が近所にできたら懇意を厚くし互いに励めよ。
一 出店を開いたら三か年は食料を送れ。
みそ汁 500
煮付 500
肉汁 500
骨汁 500
ホットコーヒ 150
氷ぜんざい 200
さしみ
焼めし
卵焼き
カレーライス
オムライス 500
そば 500
肉そば 500
焼そば 500
天ぷら 50
おかず 500
食の安心宣言

さんぴん茶

虎威震八方

きゅう師源輝

熱っちぃ！と声を荒げる患者に大袈裟だとにやりとキセルをふかす源輝氏。お灸の手さばきから家の装飾までとことん渋い

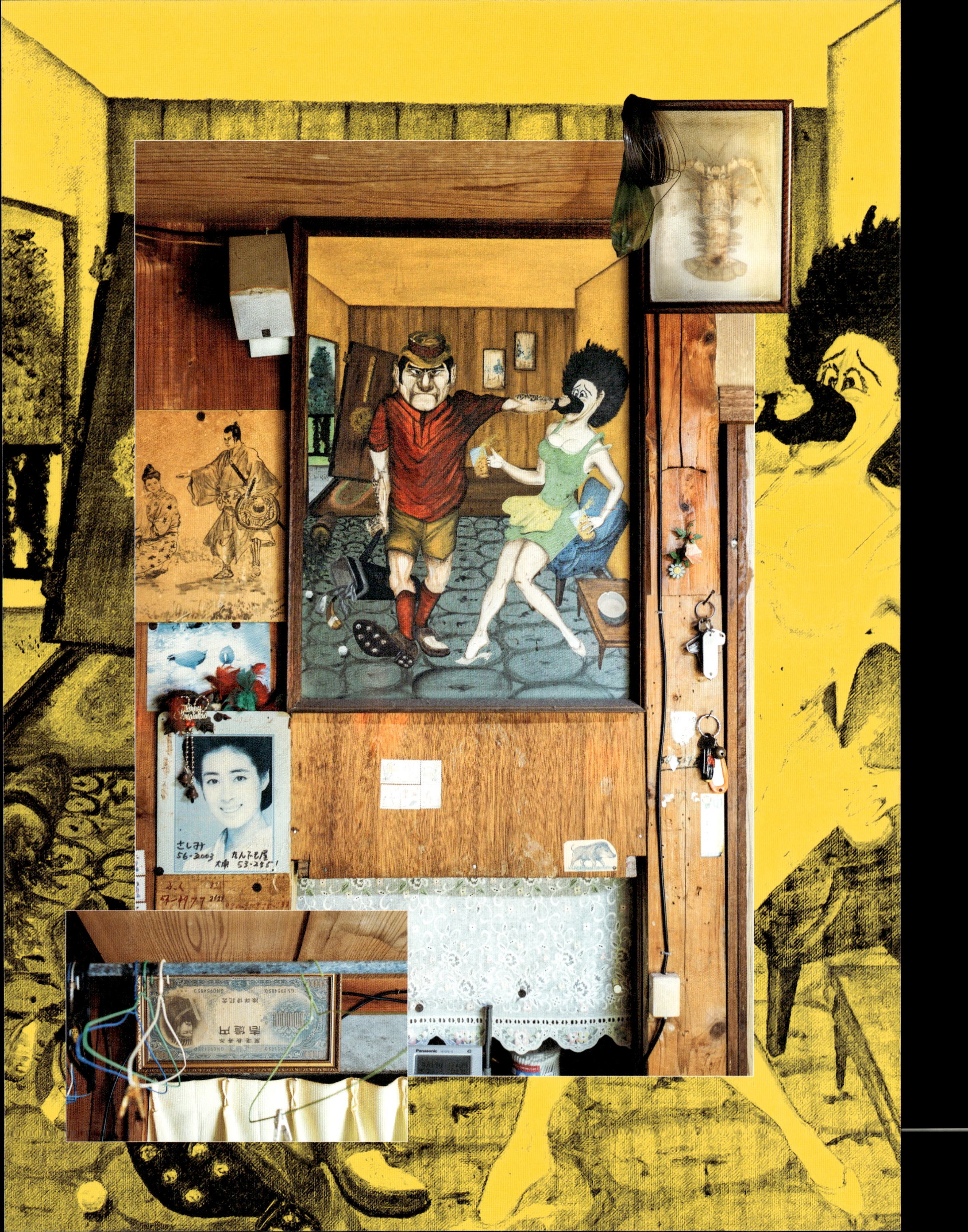
さしみ
56-2003

石垣島

SENIOR CAR

IT'S MY CAR

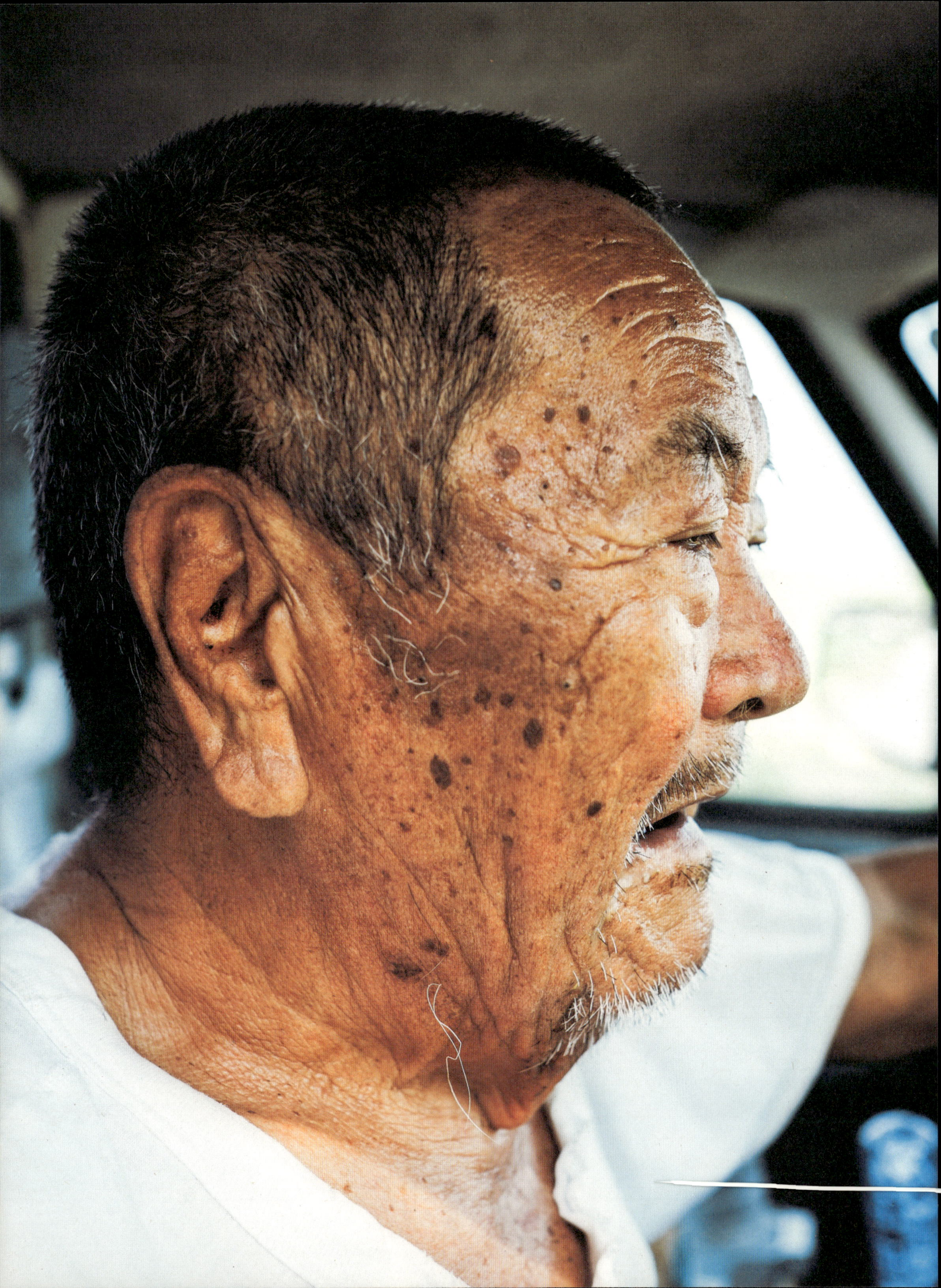

GATE-BALL

スナック
花《か》蓮《れん》

シルバー交通

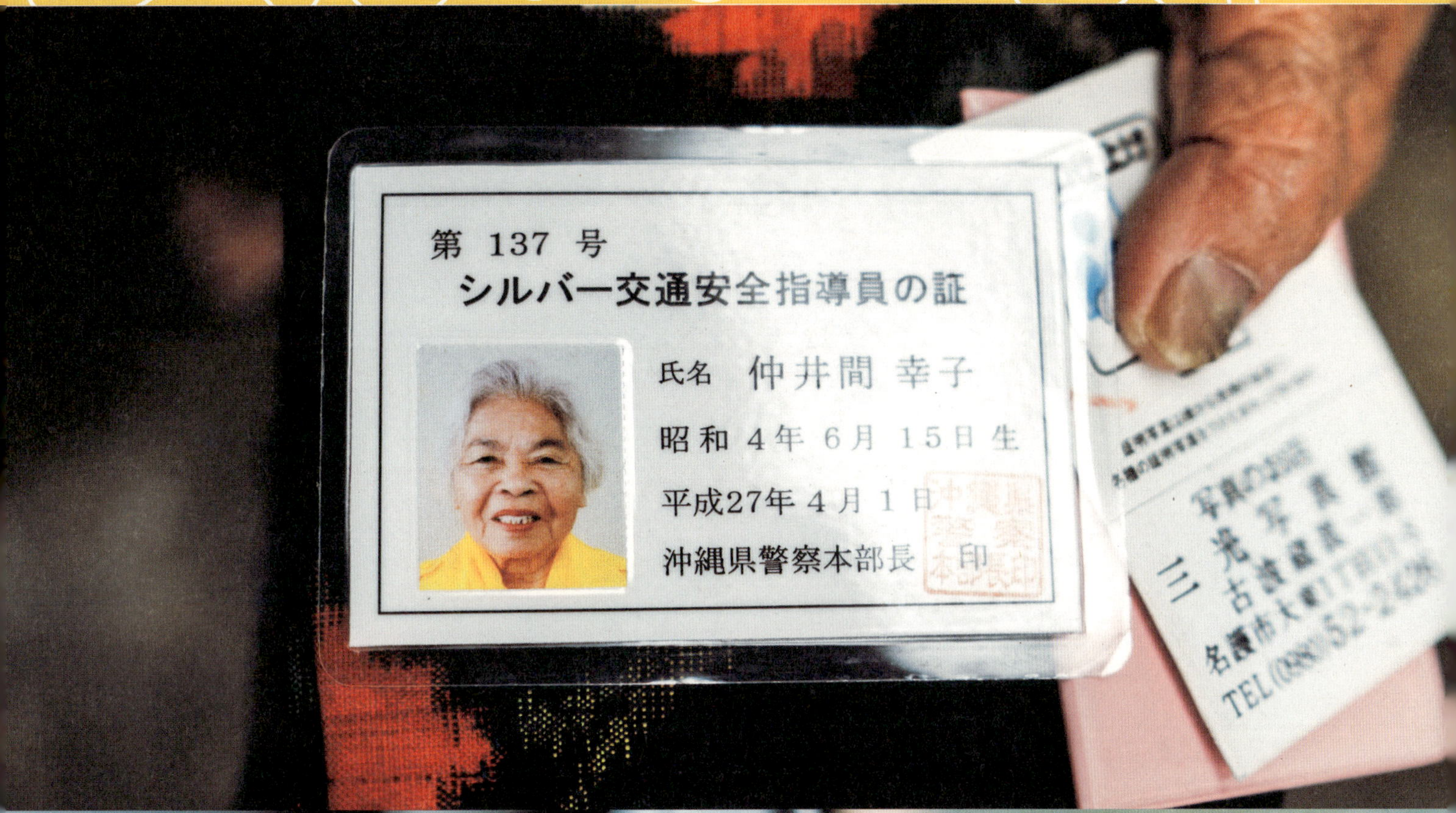

安全指導員

ビビットバーキ

東江家之墓

畑場所に
つづく

CAFE & RESTAURANT
HUMBURGER
RAFTING
GUEST HOUSE

LAKENOJIRI
OUTDOOR
LAMP GOOD
UNGO BALBURGER
HNO KYOTO
NAGANO
LAMP-GUESTHOUSE.COM

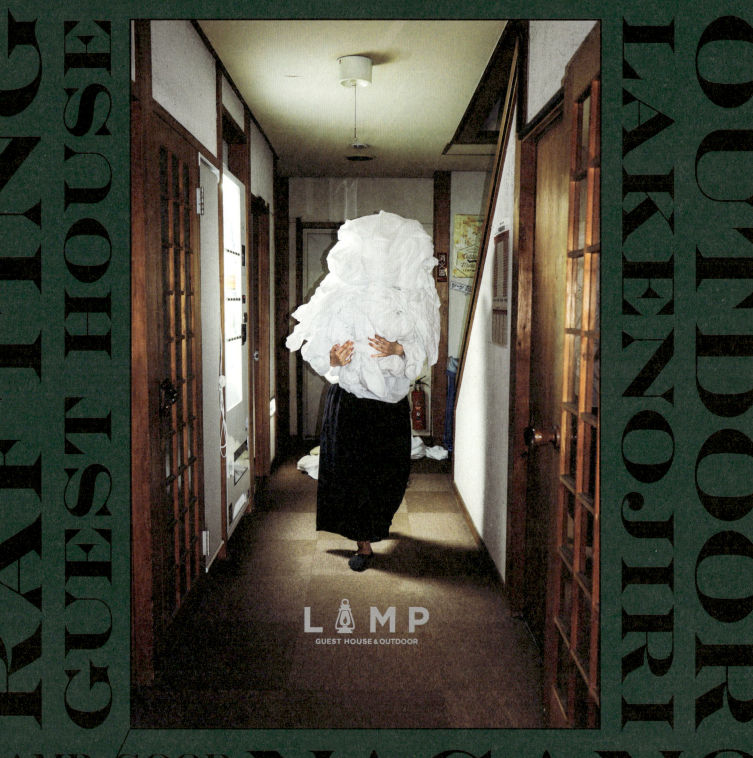

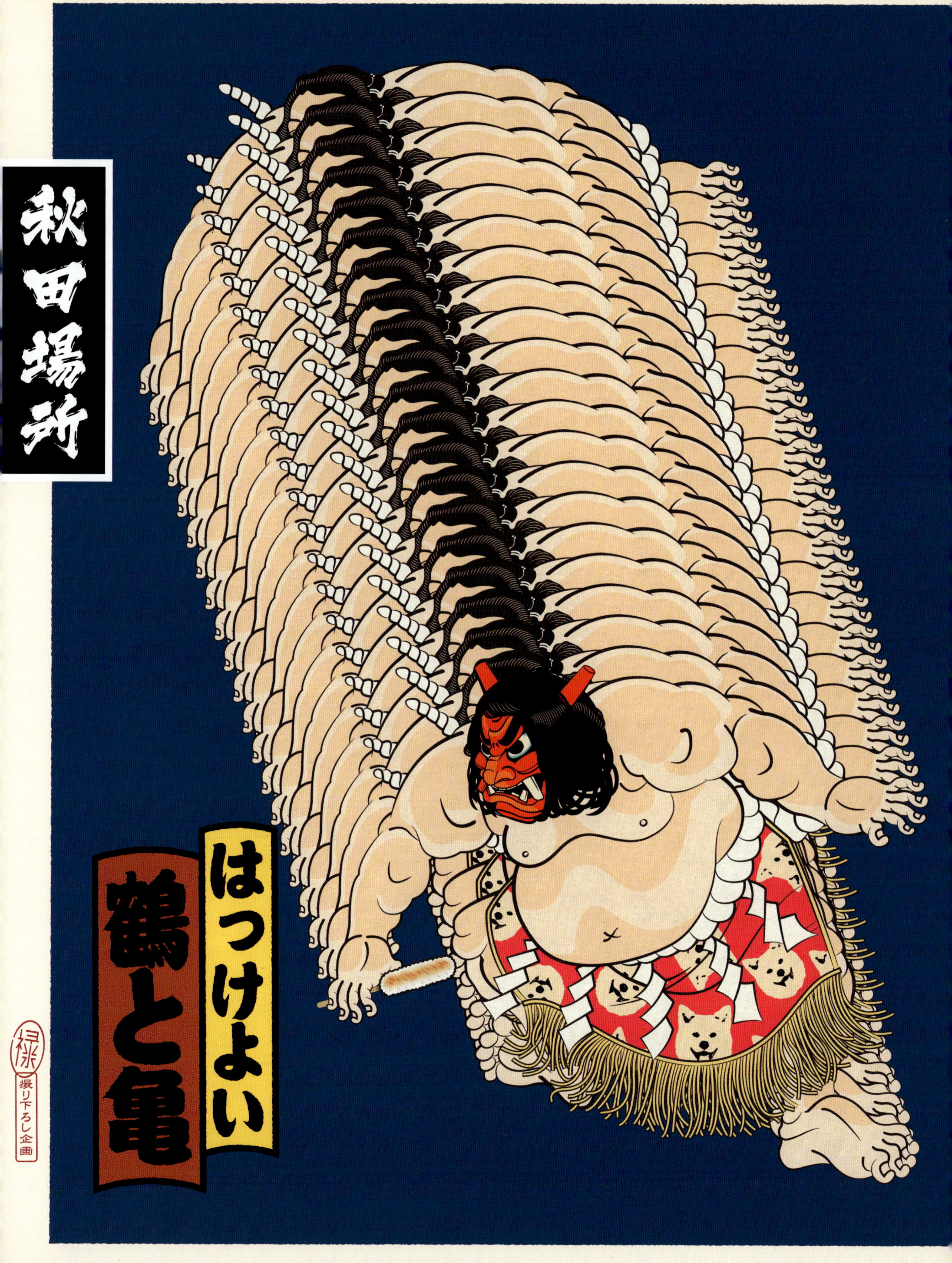
秋田場所
はっけよい
鶴と亀
撮り下ろし企画

爛漫

七福神

じゅんさい摘み

なんもだー

どこの家に行っても、ありがとー！と言って帰ろうとすると「なんもだー」と言って次から次へともらうお菓子ジュース野菜…。強烈だったのがリポＤ６本のなんもだー。クレイジーなんもだー

睦乃
宏之介
璃緒
実和

五城目朝市

ノリの良い達者なじいちゃんばあちゃんであふれかえってる朝市。その日の朝とれたての野菜や山菜がゲットできる

産地直送
ごじょうめ弁
きのこ
朝市
秋田県
五城目町
じゃっこ
毎月
2・5・7・0
のつく日

男鹿市
安全寺下丁
バスで行こう
次は

後生掛温泉
後生掛温泉

オンドル部屋
オンドル部屋

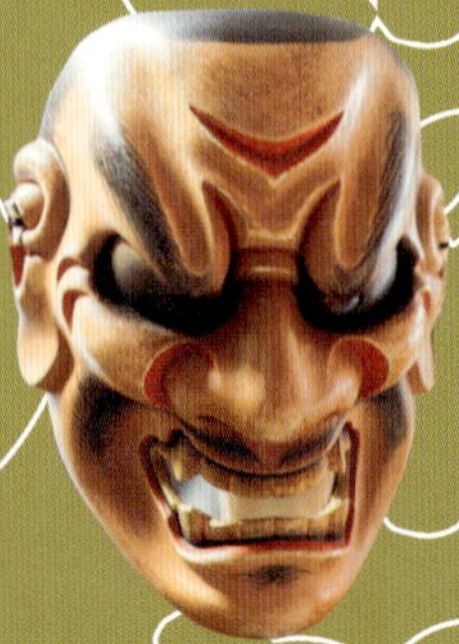
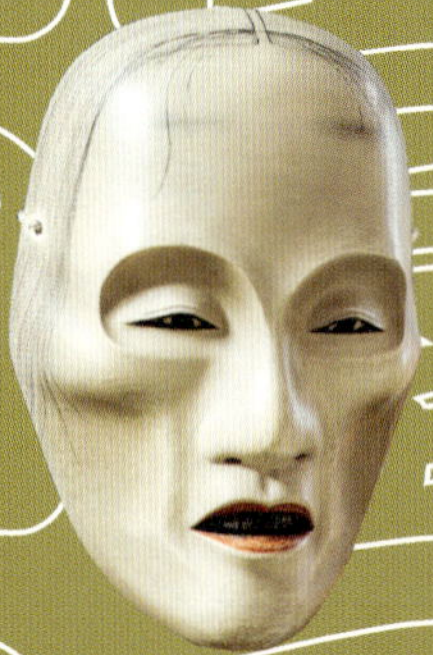

オンドル部屋

オンドル部屋

禁煙

薪売ります
予約承ります
電話83-1-2422(板倉)
50m先

薪売ります
予約承ります
電話83-2422 板倉

秋田場所これにて終幕

www.kanazaki-okome.jp

奥信濃 ちゃんじー ちゃんばー列伝!

作・ポテチ光秀

列伝1. 駄賃《だちん》引《ひ》きのじゅいち

おっ
じゅいちにはほかにも変わったクセがある
気になる川や水路を見かけると、両腕を浸したくなるのだ
？
ぱっ
しゃ～ん
じゃぼん
じゃぼん
あ～冷たくていいや！
腕を濡らすとそのまま自宅に帰りー
台車わすれてるよ！
スッ
スッ
川に戻り、再び水面《みなも》に腕を突っ込むのだ
たまんねぇええええええええええ
ぱっしゃん
ざっしゃん
気が済むまでじゅいちはそれを繰り返す
じ～んとくるなあ
じゅうぶんに乾かしたらー
夏でも冬でも一年中繰り返す
ばっしゃん
ばっしゃん
ヒュ～～ッ
ブルブル
意味はないそうだ
ほんと北向きってもんだな
ウ～ン
ウ～ン
北向き＝変わり者

列伝2. 発破《はっぱ》のじょうぞう

つるん
じょうぞうは右半身の体毛をすべて剃り落とした
発破させてくれ！
クルッ
クルッ
?!
たのむ
すみません意味が分かりません…
ヴィーン
じょうぞう！
胸毛もだぜ？
オメーなに考えてんだ！そんな策で許可もらえるわけねえだろ！
やってみねえとわかんねえだろ！
カチャカチャ
帰るぞ
発破させてくれよォォ！許可ぐれよォォォォォン!!!
ちん毛まで…!!!
くれた
ドーン
なんでだよ??

列伝3. 百《ひゃく》姓《しょう》のふじえ

そして、煮物が現れた
お食べ
うんめだろ？
むしゃむしゃ
はい。
野性動物が煮込まれてる気がして落ちつかない……
割り箸もなんか汚いし…
ごちそうさまでした！ボクそろそろ出ます
アイタタタ…
大丈夫ですか?!
さいきんフン詰まりでな…
病院いきます？
心配いらねよこれでやれば良いんだ
え？
ずりィっ
こうすりゃラクになっから
ぼそぼそっ
待って、
その箸のよごれって…
エサじゃねやさ！
しっしっ
終

茶の間da ファッキンルーム

chanoma da fxxkin' room

じいちゃんばあちゃん家にお邪魔しまーす。
そこにあったのはDIY? リノベ?
てのとは別次元の強烈なオリジナリティ。
フリーダムが全開な茶の間たち。

LOGODESIGN : FUSAO OKAGUCHI

東のおじい（96）の茶の間

96歳で一人暮らしだが、自分のことはなんでも自分でやるという。しかも今でも現役の農家。朝からトマトの畑に行って作業し、晩方には収穫したトマトを梱包し出荷する。それを全てひとりでこなすというのだから驚き。家は築100年以上の古民家でしっかりした梁や大きな戸の貫禄がすごい。住んでる人と家から感じる、いまだに現役バリバリなヴァイタリティ。

ナイスデザインの座布団。意外とおしゃれなデザインが隠れてる。

時計は3台。グリーンの時計はDe La Soulの「3 Feet High And Rising」っぽさがある。

シンプルな神棚。氏神神社である山田神社の神様が祀られてる。

梁がむき出しの天井。昔は囲炉裏を使っていたため家全体が燻され黒光りしている。かっこいい。

茶の間に掛けられてるカレンダーは6冊。年末年始になると各家庭に大量にカレンダーが届く奥信濃。2、3冊掛けられてるのはどこの家でもよく見るけど6冊は多い。

一年中茶の間にある石油ストーブ。冬場はストーブの上でお湯を沸かしたりモチを焼いたり。

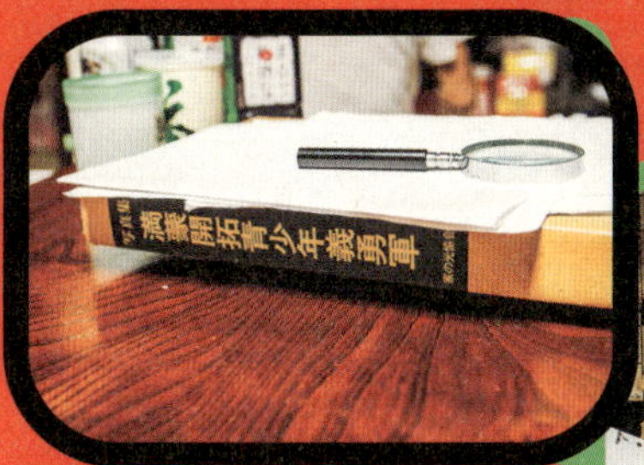

写真集「満蒙開拓青少年義勇軍」を見て兵士だった若かりし頃を懐かしむ。

隣近所の電話帳。50件くらい書かれているがだいたい暗記しているとのこと。

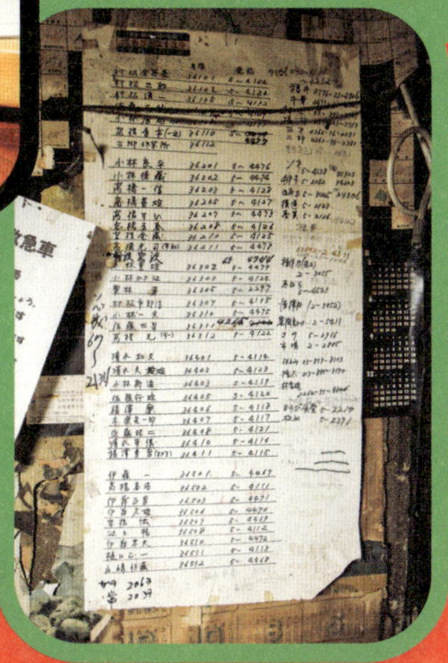

無造作に掛けられた服。その日着たい服を自由にとっていく。

そばを打つときに使う立派なのし板。

障子に開けられた覗き窓。天気や外の様子をここから確認する。

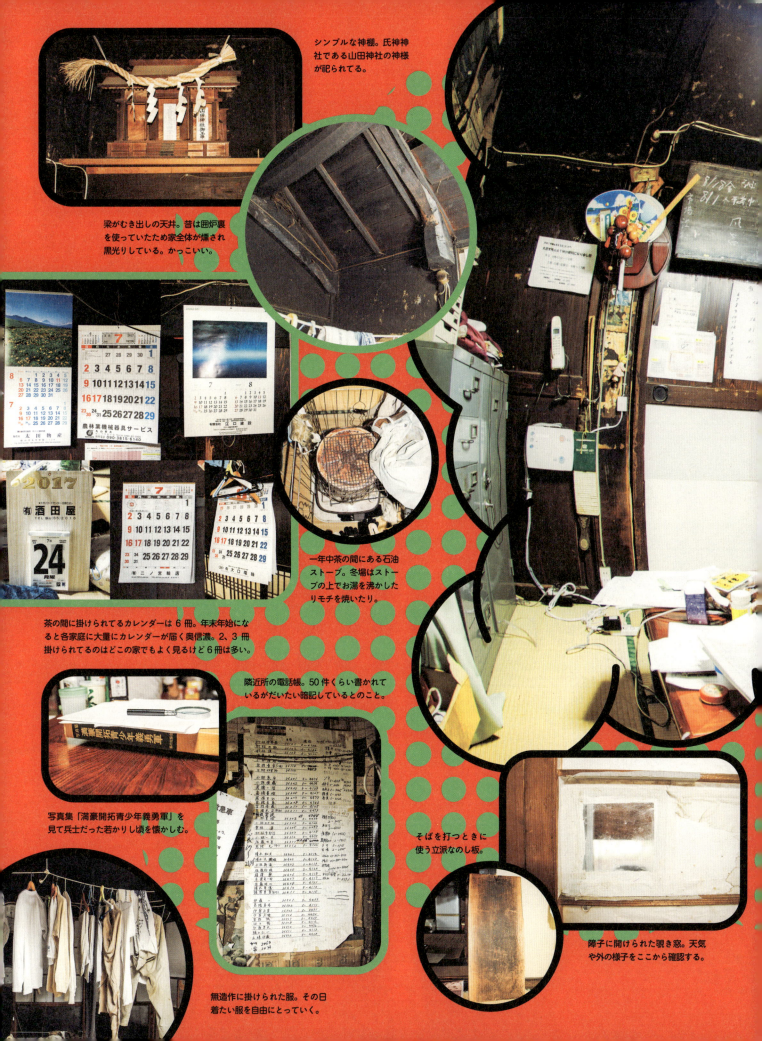

末だに現役のブラウン管テレビ。そのうちブラウン管リバイバルも来るんじゃ？

茶の間

たくさんのお土産がコレクションされた棚。茶の間になじみながらも存在感がある。

常に10本はストックがあるマムシ焼酎。患部に塗ってもよし、飲んでもよしの万能薬。茶の間のアクセントとしても引き立つILLなアイテム。

カビてる大福だが、じいちゃんは全く気にせず食べちゃうとのこと。ネズミがかじったものでも平気。

台所

古い古民家なので、家のあちこちに隙間が空いていて、常にねずみやイタチの出入りが自由。オープンハウス。

やなえばらの家

茶の間に上がるやいなや、使っている家具や飾られているお土産なんかが、家と一体化してることに驚く。完全に「仕上がっている」状態。家はおよそ築120年の古民家。家の修理や改築などはほぼ自分たちの手でやってきたとのこと。茶の間以外の部屋も特別に見せてくれたのでご紹介。家全体からにじみ出る「いなたさ」に、強烈なオリジナリティを感じる。

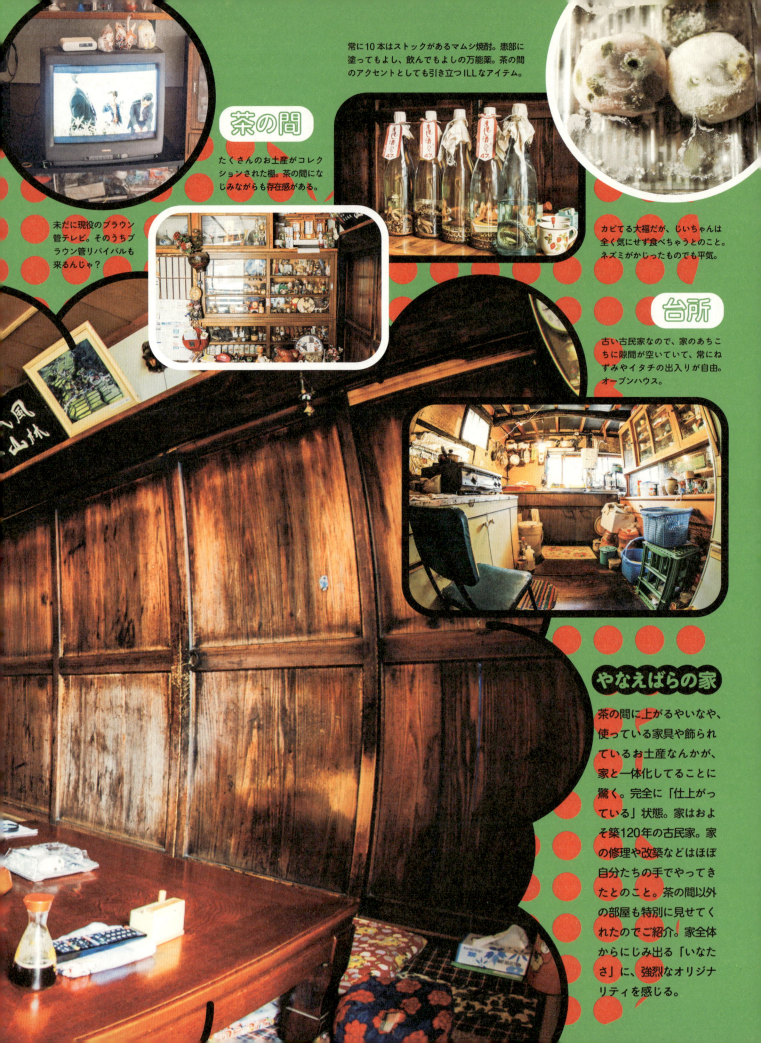

茶の間da フ××キン ルーム

chanoma da fxxkin' room

寝床

左／おばあの寝床。上／おじいの寝床。
どちらの部屋にも、山積みになったモノやダンボール。
手の届く範囲にモノがある状態が安心感を与え、安眠へと導かれるとのこと。

外観

茅葺屋根にトタン屋根を被せた奥信濃でよく見るスタンダードな古民家。家の周りには“たね”といわれる除雪のための小さな池がある。

風呂場

最近ではあまり見ることのない、シャワーもない風呂場。お湯は、ボイラーや電気ではなくガスバーナーで沸かす。

茶飲み N THE HOOD

ここに来たなら、お茶飲みはまず避けて通れない洗礼の儀式。次から次へと、注がれるお茶をすすれば、あそこのおじいが死にそうだとか、あそこの家の嫁はおっかねえだとか、インターネット顔負けの早さでニュースが飛び込んでくる。まあ、ちょっと上がってけさ。

今日のラインナップ

1 賞味期限が 3 日過ぎたお惣菜。3 日くらいなら余裕。

2 昨日の晩御飯の残ったおかず。

3 ちょっと酸っぱくなったキャベツときゅうりの浅漬け。

4 しょうゆの実。まんまにかけて食ってもうまい。

5 家に帰って飲む分のビール。よくお土産を持たされる。

6 たくあん。野沢菜漬けと並ぶ漬物 2TOP。

ある日のお茶飲み座談会

※●●=特定の個人、団体のプライバシー保護です。

A子：こんちは～、おめ達者でいたかえ?
B子：おらダメだ、ひざんぼもイテしとっ捕まって歩いてんだ。上がれ、上がれ。さぁさぁここ座らし。
A子：ありがと、じょうやもうしゃけねな～。
B子：えんにぁ～いいやさ～。せっかく来たんだからゆっくりしてかしさ。
A子：えいしょっと。あ、てて。ま～んず腰えてや～。
B子：おらも同じださ、お茶しかねけどもこれ飲まし。
A子：ありがと。おれも足わりさけ行ってみねけども、あの家、とーちゃデイサービスに行ってるらしな。
B子：●●のうちもほー、何だ、北長野の、何だ、ほー、●●病院か。あっこに入れたんだっちゃ。
A子：あら、ふんー。そーかー。
B子：暮れっころ入れたんだっちゃ。みんな片付けて、おっこされるばっかになってるらしで。
A子：ほー。
B子：●●●片付けてさ、で布団いらねかー、くれるどって言うんだけん、おら布団いっぺあるんださ。●●●にきいてみせったんださ。
A子：んー。んー。
B子：そして～あれださ、冷蔵庫、冷蔵庫、小さい冷蔵庫ばな、あのーいらねかー、なんすっていうから、おら貰ってきたさ。
A子：おー、そうかえ。
B子：そしてーえー、ストーブもくれるせったんだ、そんでーえー、一番外の錠かっとかんでせって、おら●●も休みだし●●にせって行ったのに、家に●●いねし、で帰ってきて、後ろに居たら●●●来て、どうも●●来たような自動車のあとあったさけ、来てみたんだけども、そしたら外の錠かっとかんで出しといたストーブねんだっちゃ。
A子：おら、やだー笑　おー笑

B子：そうさけ、近所のほー、誰か持ってたんださな、きっと。なー。
A子：そだなー。
B子：そんでも、でかいストーブなんだっちゃ。
A子：んー。ほーーー。
B子：おら、ほー、●●●でもさ、持ってきたんかとおもったんだけんさ。
A子：あー、じゃ誰かいらねんだなと思って、持っていったんださ。
B子：で、●●●にすぐ聞いてみたら、持ってこねど、せうんださ。●●●だって、自分で自動車も運転しねし、のらねしなー。
A子：そうさ、そうさー。
B子：そうさけ、行ってみたらストーブねぇでって、がげの裏で一緒のときにせったんださ。
A子：んー、まぁなー。あれもだめだなー。
B子：だから●●●の親父も手伝い行って片付けたりしてさ、あのー、すぐめえでに、あのーほー、冷蔵庫もらい行くとき一緒に乗って行ってさ、●●●と●●●とさ、おれただ外に居てチョンとしててじっとして居たでも。あのー、おら先それ貰って、つけてけえって来たでもさ。すぐめえでに、でかい田いちめあるんだよ。
A子：うんー。
B子：そんで、なんかもしてあったさけ、あちゃこの田荒れてるでもうぇら家の田か?せったら、おら家の田だせったんだ。
A子：おぅー。
B子：そして今度ほー、ほー、あの、草狩ったとこの芝みたいになってるさけ、燃えてけばアブねせって、あのー、●●●草燃す、●●●がそばついてるとか何とかでな。
A子：ふんー。ほうかえー。

B子：●●●みんな段取りして面倒みてんださ。
A子：うん。なー。そこに入ってしまえば、ほー、もう顔見い行くだけださー。
B子：うんー。そうだー。んー。●●の●●●のあんちゃ、きんなでやらおってな、きんなおら●●来てせったんだ、除雪機でこっちの手だやら、なんでやらもいだとかせった。
A子：あら、おー、やだー。、、、ほー。あらーーー。
B子：で救急車で行ったせった。
A子：あー、あーあうーん。あー、やだー。
B子：にほでやら、さんぼでやら、にほだせうもんに、さんぼでやらせうもんにさ、そー、あの、せってさ、おら●●きんなけってきてそんな話せってた。
A子：あんらー、えぇー、あーらー。
B子：●●ばーのとこ手伝い来たさけな、面倒見てくれたりしたさけな、んー。
A子：やだー、ううんー、なじょしたもんださーんー。
B子：なー、そんな話してたどー。きんなえおってな。
A子：あ、詰まったてんで、あの、エンジン切らんでやったんだなー。そだろな。
B子：そだねかえ、そだと思う。
A子：そださ、そだねからそんなんならねやさ。
B子：それこさ、おめだねけども、エンジン止めてやらねけりゃ危なくてだめださなー。
A子：そうだっちゃ、あぶねんだっちゃ。止まっちゃったから思いつけねでやっちまったんださなー。なーおっかねんだっちゃ。ほんと。
B子：おっかねえー、もう一人の人、誰か、救急車いったらしで。どっか。
A子：ぐわい悪くなって誰かんとこ行ったんかさな。
B子：おら家でよく聞けねかったけども、その晩にも誰か、おらヤロあっちにいるさけ聞けるんだよな。二階にいるからな。

A子：そだな、うん。ふん。
B子：救急車行ったただの、なんだのせって、あの曽根の●●さも入院してるとかせってたど。
A子：あー、おらーーー。
B子：電話して、えっくら電話してもでねさけ、●●ちゃんとこ聞いて電話したら、●●●ちゃん出なくて●●ちゃ出たんだやら、誰か出て、今入院してるだとかで。
A子：ほー、そうかえ。おらも●●●のとこ電話して、あっち出たらよらずと思ってたんだけども、へーこんなんなっちまってるさけ、いかんね。ちょいっと電話したら出ねし、出ねなーと思ってさ。
B子：あー出ねー。出ねかー。
A子：そんでも、しょっちゅうそんな、外になんか出るような人じゃなしねーと思ってさ。入院でもしてるやら、具合悪くちゃ寝てるやらと思ってさ。
B子：あんちゃ、あのー、ほー、スキー場えさ来てるんだっちゃ。
A子：ほぉかえ。
B子：どうも一人暮らししてるらしで。大工さんでやら、なんでやらな。
A子：あん。そだ。そだ。
B子：冬はー、そのーそこえ来てるんらしいで。
A子：あ、まだ時間大丈夫ださな、あてて。
B子：いやさ、まだいやさ。せっかく来たんだからゆっくりしてかしな。
A子：電話しんで、いーせったんださけいやな。まぁ久しぶりにおめの顔みたさけな。よかったさ。
B子：なー。おれもそう思ったんださ。えきてえきてと思ってもさ、なかなかえかんねし、転んでまた身体痛くしたなんてせえばまた怒られるしな。

つづく

ODACHINハスター

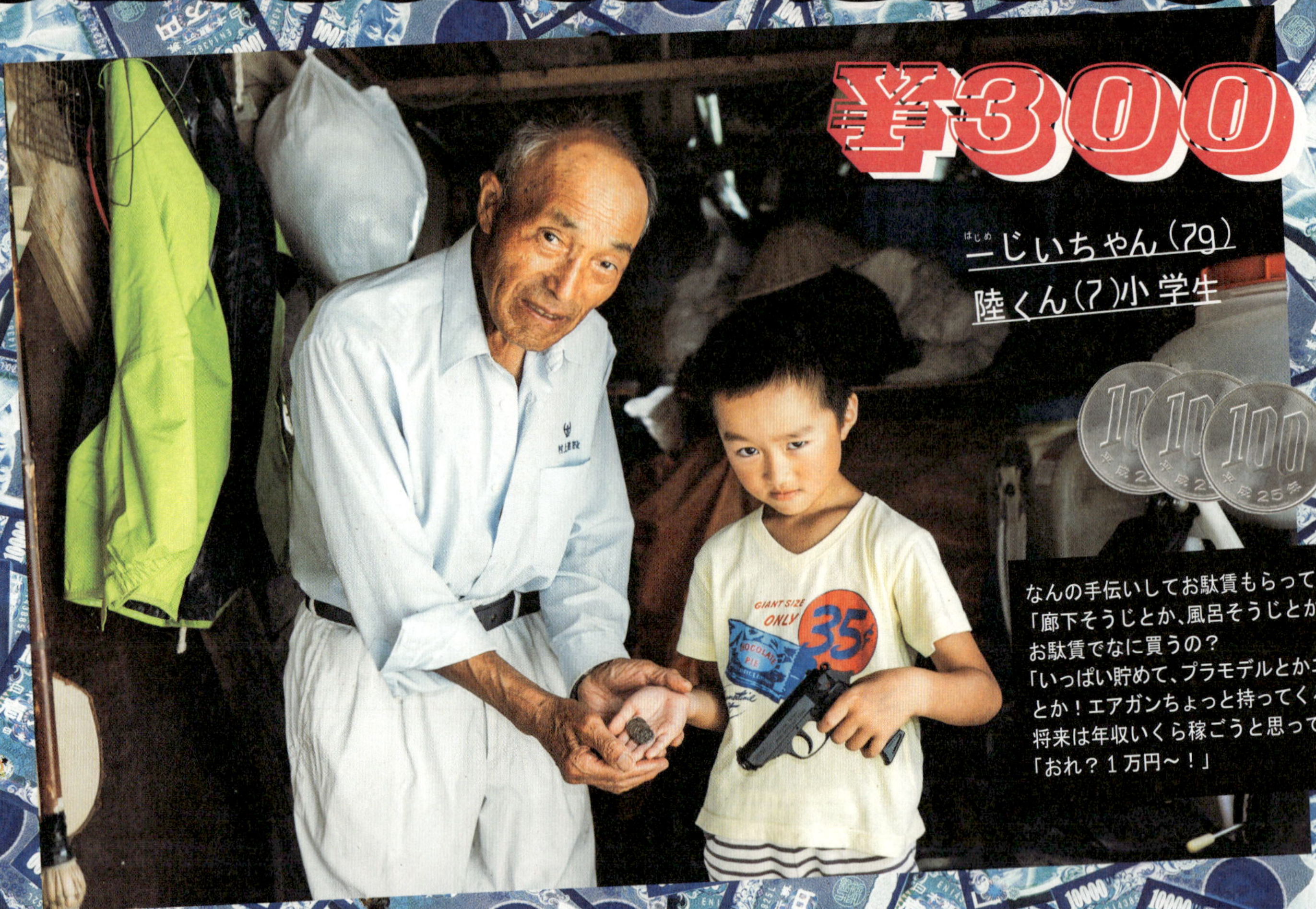

タフでハードな奥信濃の暮らし。そんな日々をサバイブするためじいちゃんばあちゃんのお手伝いをしてメイクマネー。そう、おれたちが「ODACHINハスラー」

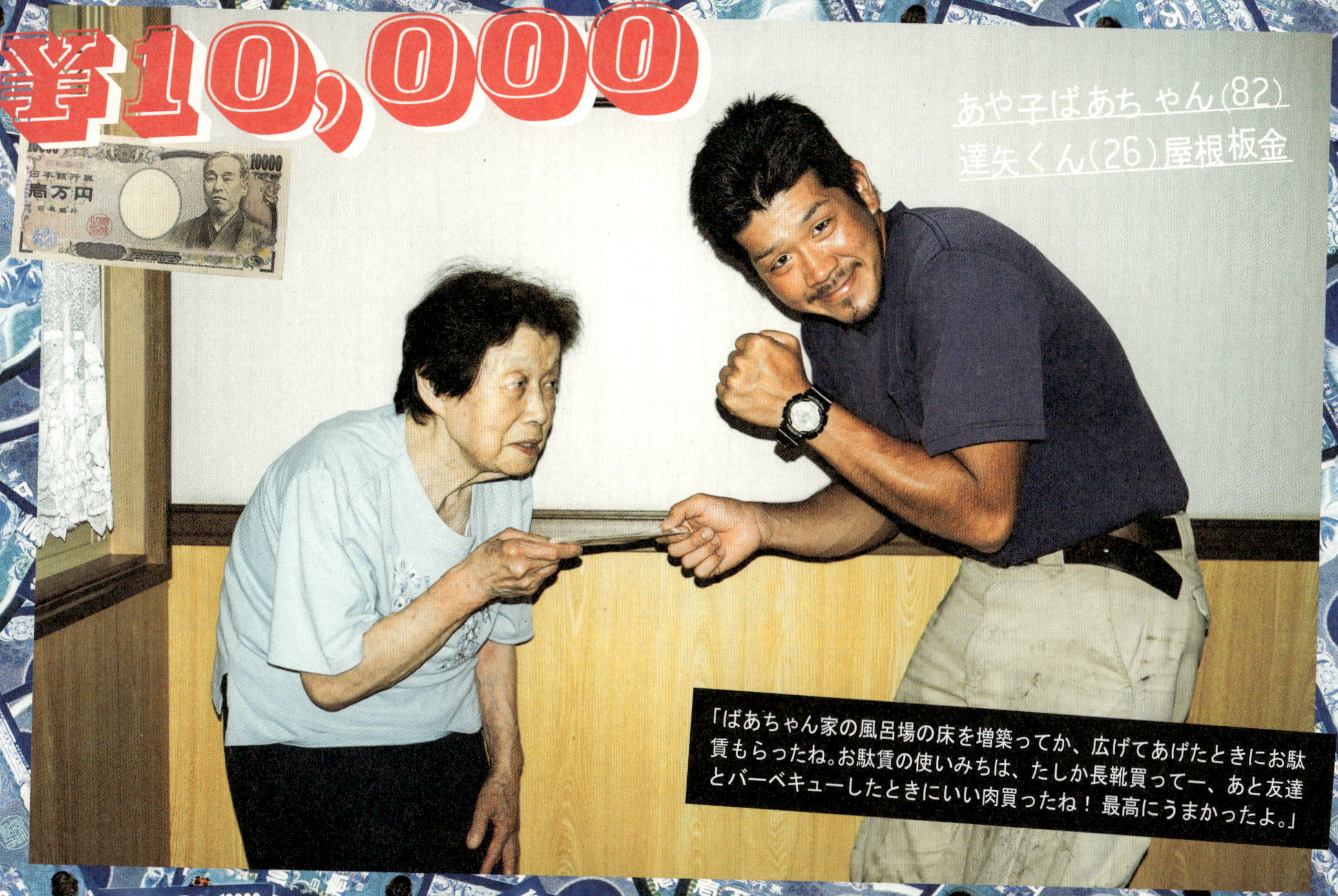

あや子ばあちゃん(82)
達矢くん(26)屋根板金

「ばあちゃん家の風呂場の床を増築ってか、広げてあげたときにお駄賃もらったね。お駄賃の使いみちは、たしか長靴買ってー、あと友達とバーベキューしたときにいい肉買ったね！ 最高にうまかったよ。」

富加美ばあちゃん(84)
明澄さん(32)デザイナー

「最近はあんまりしなくなっちゃったけど、たまに田植えとか草刈りとか農業の手伝いするかな。それで、日給で7,000円とかもらうって感じ！ばあちゃんからのお駄賃は、飲み代、フェス代、旅行代とかにつぎ込んでる。あと、友だちの結婚式のご祝儀代(笑)。」

POWERDRIVER117
OUTDOOR SERVICE TOGARI BASE
P.D.R117
SINCE.2007
KANOE / KAYAK / RAFTING /
SUP / WATER PATROL
www.powerdrive-r117.jp

のってこ! 敬老GROOVY

君は感じるかい? あのイケてる人たちから湧き出るナイスグルーヴを。
その秘密は、じいちゃん子ばあちゃん子ってとこにあった。
イケてる人たち×じいちゃんばあちゃんたちの「グルーヴィー」な現場に突撃。

丸山皓江
丸山菓子店
Terue Maruyama
NOTTEKO! KEIRO GROOVY
NOTTEKO! KEIRO GROOVY
NOTTEKO! KEIRO GROOVY
NOTTEKO! KEIRO GROOVY
NOTTEKO! KEIRO GROOVY
NOTTEKO! KEIRO GROOVY

ラッパー

田我流

Dengaryu

やっぱり人間も歳を重ねるごとに、いい味が出てくるのよね。

鶴と亀編集部（以下 鶴）：今回、紹介してくれるばあちゃんは、田我流さんのばあちゃんじゃないんですね。

田我流（以下 田）：ばあちゃん一昨日、白内障の手術しちゃって、今、術後安静なんですよ。紹介したかったですけどね。

鶴：うわあ、stillichimiya（※1）を中学生の頃から聞いてた自分としては2人の並び見たかったですけど、しょうがないっすね。ばあちゃんお大事にっす！

田：山梨には他にもすげーいい感じな、じいちゃんばあちゃんいるんで紹介しますよ。結構、死んじゃいましたけどね（笑）

鶴：あー、ここ「うぇるかむ とぅ やまなし」（※2）で紹介してた団子屋ですね。見たっすよ。

田：丸山菓子店ね。ヤバイですよ。

皓江さん（以下 皓）：あら～デンガさん（田我流さん）！ まあよかった～！ またこんな形でお目にかかれて。前にデンガさんたちが来たあと、東京の練馬から来た女の子のファンが、草餅下さいって来たのよ～。

鶴：「うぇるかむ とぅ やまなし」見てだ！ すごいっすね、練馬から。

田：やべえ、今日の夜それの新作作業があるの思い出しちゃったよ。やべえー。

皓：あらら、忙しいんですねえ。でも人間忙しいほうがいいですものねえ。

鶴：お母さんも忙しいんですか？

皓：忙しいですよ～。毎朝2時起きなんですよ～。

皆：2時!?

皓：仕込みでね。自分の仕事ってもんがありますからね。でもね、自分で言うのもおかしいですけど、この辺じゃ若い若いって言われるんです。今年77歳になるんですけど。

田：若いよ、お母さん。てことは何時に寝てるんですか？

皓：19時には寝てる。夕飯は17時くらいには食べちゃうわね。

田：じゃ、もうすぐ夕飯だ。

皓：あっはっは～！（笑）

鶴：田我流さん、この店どうやってDIGったんですか？

田：あの時おれ団子ブームで。昼間に家で作業してると脳みそ疲れてくるから、普段甘いものとるようにしてるんですよ。農家さんと同じで。それで、おれコーヒーがすごい好きで、コーヒーと団子だよなみたいな。

鶴：お茶と甘いもんは大事っすね。

田：その時期、この辺の団子屋を片っぱしから回ってたんですよ。そしたら一宮でやってた祭りに、ここの草餅が出店してて食べたんですよね。うまいな、ここの草餅！みたいな。

皓：あー、なんかうちの息子が行って出店したやつね。

田：そうそう！ それで、寝ないで釣りしてる日があって朝になってみんなで腹減ったな～ってなったときに、ここのうまかった草餅のこと思い出して、みんなで携帯で検索して来たんですよ。

皓：あら～、そうだったんですね～。デンガさんお腹空いてます？

田：今日、まだ何も食べてないんですよ。

皓：あら！ それは困った！ 困った困った！ 今日もせっかくだから食べてって～。

田：ありがとうございます！ お母さん、あの石はなんですか？ 黒曜石？

皓：あの石はねぇ、もうわたしがここに嫁に来て45年ですけどね、ずーっとあそこを陣取ってるの。うちにいた人もよく分からないって。

田：存在感ありますねー。そうとう昔からいるんだなあ。

皓：そうそう。わたしよりずっとずっと前からね。

田：若いっすもんね。見た感じが。おれまだ全然行けるぜ！ みたいな。朽ち果てる感じが全くしない。光ってるもん。かっこいいな甲冑みたいで。

皓：ね～。なんでも鑑定団にでも出してみようかしら。お客さんにも言われたことあるの。

田：ダメダメ、そんなの必要ないよ～。たまにこう磨いてやってさ。石は力があるから。石は鉱物で、見た感じ動いたりしてないけど、生きてるから。

皓：わたしも聞いたことがある。朝起きて、一生懸命、商売が繁盛しますようにって磨いたほうが良いって。

田：そう、だから河原とかから勝手に石を持ってきて、扱いが悪いとバチが当たったりするからね。

皓：あ～、そうねえ。

田：石は大先輩ですからね。あれだけの見た目だと、分かんないけど何千年前とかの大先輩でしょ。生まれ変わらず、この地球にずっとあるわけだからね。

皓：なるほどね～。人類よりももっと古い大先輩ってことですもんね。そうか、じゃ明日から、なおのこと磨こうかしらね。

鶴：そりゃまた、商売繁盛しちゃって2時起きどころじゃなくなっちゃいますね。

皓：あっはっは～！（笑）

田：よく見たらあそこの掛け軸に、徳が高い弁財天様もいる。弁財天様は音楽の神だから。ここは神様のオンパレードだね。

鶴：八百万っすね～。

皓：あの弁財天様ね～。私ここに嫁に来て30年くらい、あそこの戸棚を開けたことなかったの。ほいでね、この戸棚にはなにが入ってるんだろう？ と思って開けてみたら、あの弁財天様が出てきたの。たぶんこれも古いわね～。

田：そうとうですね。でも、モノっていうのはね、たとえそれが大したものじゃなくても、祀っていればそういうふうになっていきますからね。人間と同じでね。味が出ますから。

皓：そうなの！ やっぱり人間も歳を重ねるごとに、いい味が出てくるのよね。まあ、せっかく人間に生まれたんですもの、そうなりたいですものねえ。そう思うと、美人やイケメンは関係ないなって思うの。やっぱりね、人間の価値って内面なのね～。

鶴：間違いないっす。

田：しかし、ほんと良いなあ！ この石は。せっかくだから触っちゃお。

皓：あははは～！（笑）

田：結局ここにはね、いつも徳を分けてもらいに来てる。草餅もうまいけど、お母さんに会いに来ちゃってるんだよね。

皓：あら、うれしい！ またいつでも来て下さいね。

田：お母さんありがと！ また来ますね。

※1 stillichimiya
田我流、Young-G、Big Ben、MMM、Mr. 麿からなる HIPHOP グループ。地元である山梨県・一宮町が近隣町村と合併することになり、異を唱えるために決起して発生したムーブメント。

※2「うぇるかむ とぅ やまなし」
田我流が山梨の観光スポット（a.k.a 本当によく行くトコ）を紹介してくれる動画シリーズ。Youtube でチェック。

※3 DIGる
「掘り起こす・探す」という意味。ラッパーや DJ が、レコードを探すときなどに用いる言葉。

NOTTEKO! KEIRO GROOVY NOTTEKO! KEIRO GROOVY NOTTEKO! KEIRO GROOVY NOTTEKO! KEIRO GROOVY

田我流／デンガリュウ
山梨県笛吹市一宮町出身。趣味は釣り。尊敬する人は松方弘樹。高校1年でHiphopに出会い、リリックを書き始める。2004年に地元の幼馴染とラップグループ＝stillichimiyaを結成し、2008年にファースト・ソロ「作品集～JUST～」を発表、2012年4月に発表したセカンド・アルバム「B級映画のように2」でその評価を確固たるものにする。2015～16年はバンド・プロジェクト「田我流とカイザーソゼ」として数々のライブをこなす。その頃から更なる音楽性の向上の為、Falcon a.k.a. Never Ending One LoopとしてBeat Makeも始める。2019年には待望のサード・アルバム「Ride On Time」を発表。それまでのサウンドイメージを一新する新たなスタイルで高い評価をえる。

丸山菓子店（万葉の草餅 / よもぎ茶屋）
山梨市大工の手作り草餅販売＆茶屋のお店。草餅の原材料はすべて国産を使用しており、全行程を手作業で行っている。草餅の他にも、おやきやお漬物など田舎の味が堪能できるメニューが並んでいる。

営業時間 / 〈草餅販売〉AM8:00～（なくなり次第終了）
〈茶店〉土・日・祝日　AM10:00～PM4:00。不定休
電話番号 / 0553-22-6121

Non

のん（女優）×小林義男（魚屋）

Yoshio Kobayashi

NOTTEKO! KEIRO GROOVY
NOTTEKO! KEIRO GROOVY
NOTTEKO! KEIRO GROOVY
NOTTEKO! KEIRO GROOVY
NOTTEKO! KEIRO GROOVY

おっちゃん、めちゃくちゃかっこいいんですよね。すごい粋を感じる。

鶴と亀編集部(以下 鶴)：ふたりはいつから仲良しなんですか？

義男(以下 義)：今は、のんちゃん忙しいからあんまり店の前通らないけど、前はしょっちゅう通ってたんだよね。

のん(以下 の)：そうなんです。スタジオ行ったりトレーニングするときに、ここの道をよく通るのでそのときに、「こんにちは！」ってお話して。

義：あの頃はまだね、顔を忘れちゃったりしてね。

の：今でも気づかないことありますよね(笑) 若い子は同じ顔に見えるんだっておっしゃってて。それでも大分、覚えてくださいましたけどね！

義：そう、みんなのんちゃんに見えちゃう。魚だけは見分けつくんだけど、どうも人間は。

の：あ、なるほどー！

鶴：そっか、やっぱり魚専門なんだなぁ。

の：あ、今日魚の服を着てきたんです。

鶴：お父さん、この服の魚は何ですかね？

義：なんだろうなー？

の：これたぶん、創作魚ですよ！

義：ちょっとかわった魚だね〜。ほいで、今日はね、これを煮るんです。穴子。

の：煮魚とかも、サービスでおっちゃんがくれるんです！おいしいです。

義：うふふふ。なんでもいいからあげちゃうんですよ。腐ってカラスにあげるよりいいから。

鶴：のんちゃん好きな魚とかあるんですか？

義：刺し身が一番好きだよね？

の：タイの刺し身が好きです！いつもさばけないって言ったら、お刺身にしてくれます。

義：のんちゃんには、なんでもやっちゃうよ。この笑顔がいいからね。会うと手振ってくれるから。

の：「こんにちは！」って。でも、おっちゃんの笑顔もめちゃくちゃステキですよね。

義：みんなにそう言われんだけど、もうちょっとしわがなければねー。

の：えー！それがかっこいいんですよ！

鶴：お父さんのこの、前歯が一本かけてるのがまたいいですよね。(※1)

義：そうなんだよ、イカかじったらかけちゃった(笑)

の：イカかじったら!?

鶴：イカで!?

義：かけちゃったぁ〜。

皆：あははは！(笑)

鶴：イカってやわらかいじゃないですか。イカで歯って欠けるんですか？

義：硬いんですよ。新しいのはコリコリで。古くなるとやわらかいんだよ。歯医者さん何件も知ってんだけど、行くのもったいないから。

鶴：いいですねえ。のんちゃんが好きになるのも分かるなぁ。

の：おっちゃん、めちゃくちゃかっこいいんですよね。すごい粋を感じる。

鶴：おお！　例えばどんなところに粋を感じますか？

の：存在が粋ですね。前にここ通ったとき、のら猫に魚をポーンって投げてたんです。それがすごいかっこよかった。

義：そいでね、のら猫はいい魚じゃないと食わないんですよ。

の：へぇーすごい。

義：お寿司で出すようなコハダをポーンて投げてやんの。古い魚食わないんですよ。

の：あー、わかるんだー。

鶴：粋ですねー。なんか昔ながらのザ・魚屋さんて感じで、今あんまり見ないですよね。この腹巻きとかもかっこいい。

の：すごいお似合いですよね！

義：いやー、もっと派手な服着てこなきゃいけんかったかなーと思って。

鶴：お父さんの粋なかっこいいところは、のんちゃんの演技の参考になったりしてるんですか？

の：あー、近い役が来たらぜひ盗みたいですね。のら猫に、こうやって魚投げて！

義：ねー、のら猫にポンッて、カラスにポンッて魚投げたりしてね。

鶴：楽しい役だなぁ。

の：おっちゃん楽しいですよね！サービス精神が旺盛。

義：みんな楽しませちゃうね。あたしお酒苦手だけど宴会大好きだから、ビールちょっとだけ飲んで、あとは宴会終わるまで芸者さんやるわけ。みんなとしゃべって喜ばせるわけ。あとは、魚もそうだけど色々あげちゃうね。町内会でおまんじゅうも寄付したり。

鶴：のんちゃんにも魚あげちゃうって言ってましたもんね。

の：優しいんですよ。

鶴：のんちゃんは、これからどんなふうに年を重ねていきたいと思ってますか？

の：ずっとブレずに行きたいですね。変わらずにおんなじ！って感じで。

鶴：かっこいいですね！お父さんも昔からブレずにこのスタイルでやってきたって感じですもんね。

義：でもね、15歳のときに茨城から東京に出てきて、こうなるまでには50年かかりましたよ。やっぱりその間には、色々ありましたよ。

鶴：そりゃそうですよねえ。

義：たまにね、女の子が会社の帰りにいやなことがあって、店の前を泣いて帰ってるんですよ。だからね、言ってやるんですよ。あと10年後に仇とってやんなって。何年か後にやりかえせばいいって。色々経験してきましたから。

鶴：のんちゃんも「コノヤロー見てろよ！」って思ったりすることあるんですか？

の：わたしもういっつもぷんぷんしてますよ。

鶴：いっつもしてるんだ(笑) でも、お父さんが言ってるみたいに、そのぷんぷんを力に変えていければいいですよね。

義：笑って仇とってやればいいんだよ。自分が売れたとき。

の：そうですね、わたし今、いい感じで脂がノッてるので！今やりたいことしかやってないんです。

鶴：すばらしい！そのまんま、やりたいことやってこ！

義：そうだねえ。うちの脂のノッた魚食べてもらって、これからも頑張ってもらいたいね！

の：おっちゃん、ありがとうございます！また魚買いに来ますー！

義：はいよー、またおいで！

※1　義男さんのイカでかけた前歯

NOTTEKO! KEIRO GROOVY
NOTTEKO! KEIRO GROOVY
NOTTEKO! KEIRO GROOVY
NOTTEKO! KEIRO GROOVY
NOTTEKO! KEIRO GROOVY

NOTTEKO! KEIRO GROOVY NOTTEKO! KEIRO GROOVY NOTTEKO! KEIRO GROOVY NOTTEKO! KEIRO GROOVY NOTTEKO! KEIRO GROOVY

のん／女優・創作あーちすと
93年兵庫県生まれ。趣味・特技 ギター 絵を描くこと 洋服作り。CM出演や広告キャンペーンへの出演のほか、創作あーちすととしても活動し、描画作品の創作やブランドとのコラボによるデザイン制作・洋服作りなどを行っている。映画「この世界の片隅に」では、主演すずの声を担当し、数々の賞を受賞。そして、新たな活動の場として、のん自ら新レーベル『KAIWA (RE) CORD』を発足、今夏より音楽活動を始動。また8月6日（日）よりオフィシャルファンクラブ「NON KNOCK（のん のっく）」も開設し、ますますその活躍の幅をひろげている。ファンクラブ入会方法等の詳細はのん公式HPでチェックすることができる。
のん公式HP：https://nondesu.jp/

のん　スタイリスト：山口絵梨沙　衣装：全てスタイリスト私物　ヘアメイク：菅野史絵

WASHIMORI
祭礼用具
SAIREI-YOUGU
仏壇
BUTSUDAN
神具
SHINGU
And more...
神仏の鷲森

式会社角口酒造店
北光
www.kadoguchi.jp
Hokko Masamune
奥信濃の地酒
北光

RIVIERE

五穀豊
五穀豊

nanaco
オートチャージには
セブンカード・プラス!
オートチャージでも
ポイントたまる!
ELEVEn
終了

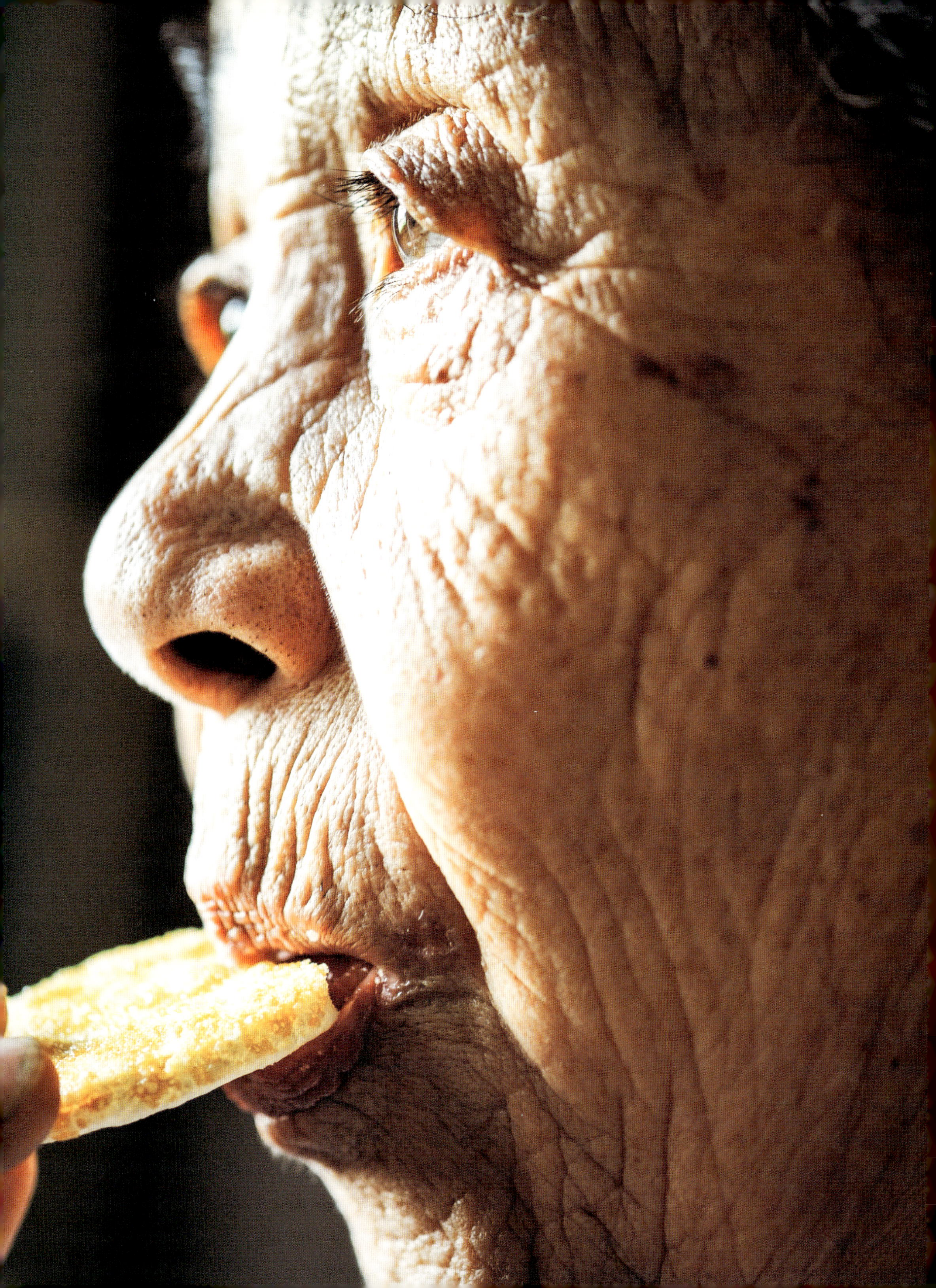

千代田

A·COOP
みゆき店
TEL0269－81－
2017年 7月 6日（木）

0050	デラウェア	¥499
0050	カシューナッツ	¥285
0082	2001きゅうり	¥110
0083	2545花	
	¥250　2個	¥500
0103	豚切落し（モモ・	¥525
0300	助六寿司（いなり	¥299
0321	エビマヨ	¥399
0356	いなり上手Ｍ１２	¥369
0356	いなり上手　１２	¥229
0368	おいしい梅	¥279
0370	国産豆昆布400ｇ	¥399
0370	しょうゆ豆黒豆造	¥285
0374	農協牛乳　１Ｌ・	¥194
0457	かつおパック　２	¥189
0460	早漬一番味うめし	¥399
0700	雪の宿サラダ	¥159
0700	亀田のまがりせん	¥159
0708	チョコチップクッ	¥179
0711	サクサクアーモン	¥275
0717	クロレッツＸＰクリア	
	¥665　2個	¥1,330
0726	アルファベットチョコ	
	¥279　2個	¥558
0726	ベストスリー袋	¥299
0833	お徳用楊枝	¥99
0833	くらし優選ディッシ	¥95
0888	レジ袋	
	¥2　3個	¥6

小計	30点	¥8,119
（外税対象額		¥8,119）
税率 8.0% 消費税等		¥649

現計	¥8,768
お預り	¥8,800
お釣り	¥32

顧客ｺｰﾄﾞ　6710865412422-4

＜＜ポイント情報＞＞

ポイント対象金額　8,119 円

前回迄ポイント	150 点
今回ポイント	160 点
還元ポイント	300 点
サービス券枚数	1 枚

累計ポイント　10 点

****
３００ポイントでお買物券進呈
****

ｷｬｯｼｬ :029　栗山
R0003-#8492

0007800000384921707064

無着色 わさび
2017. 5.15/A
生おろししょうが
生おろしわさび

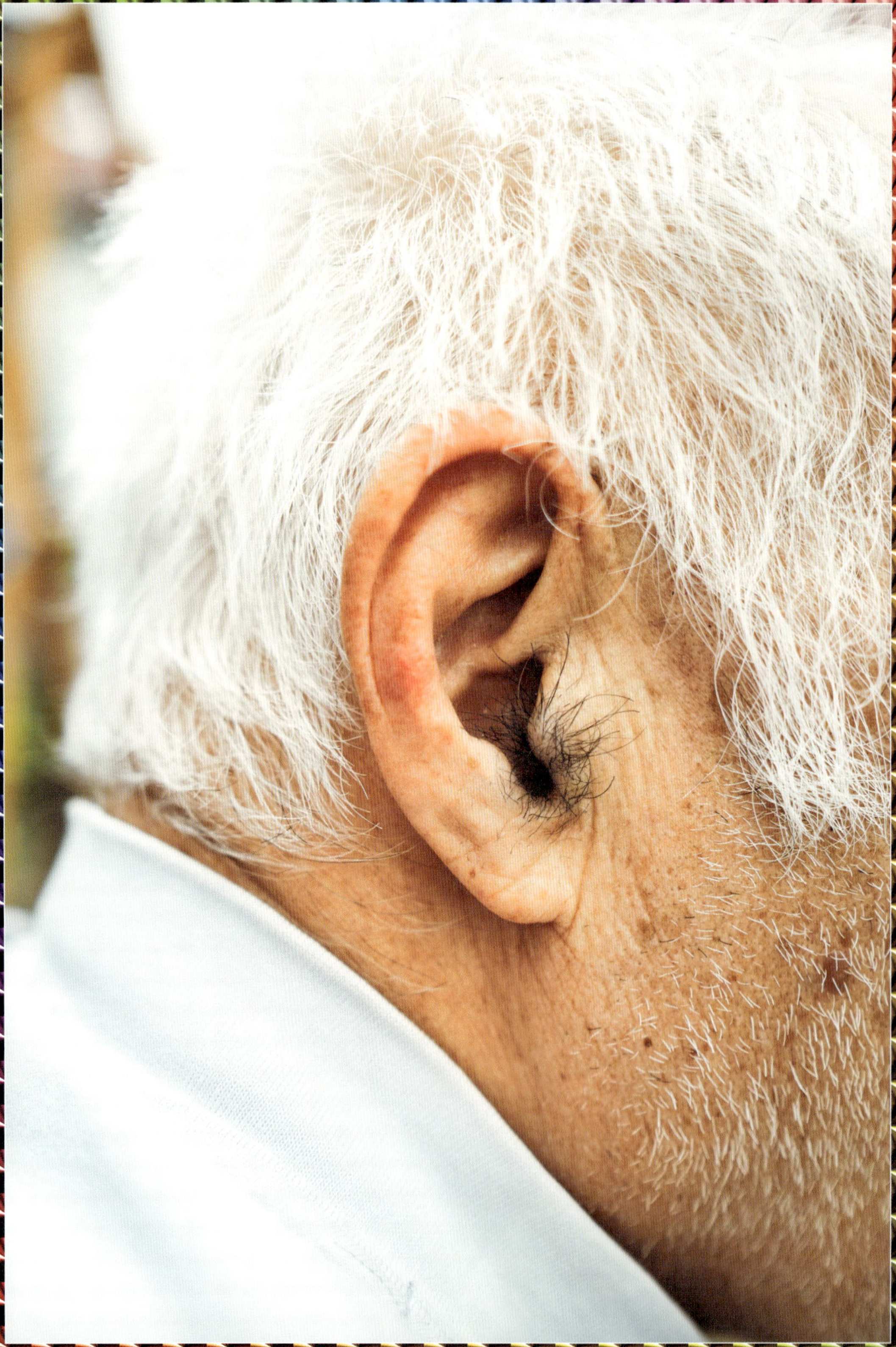

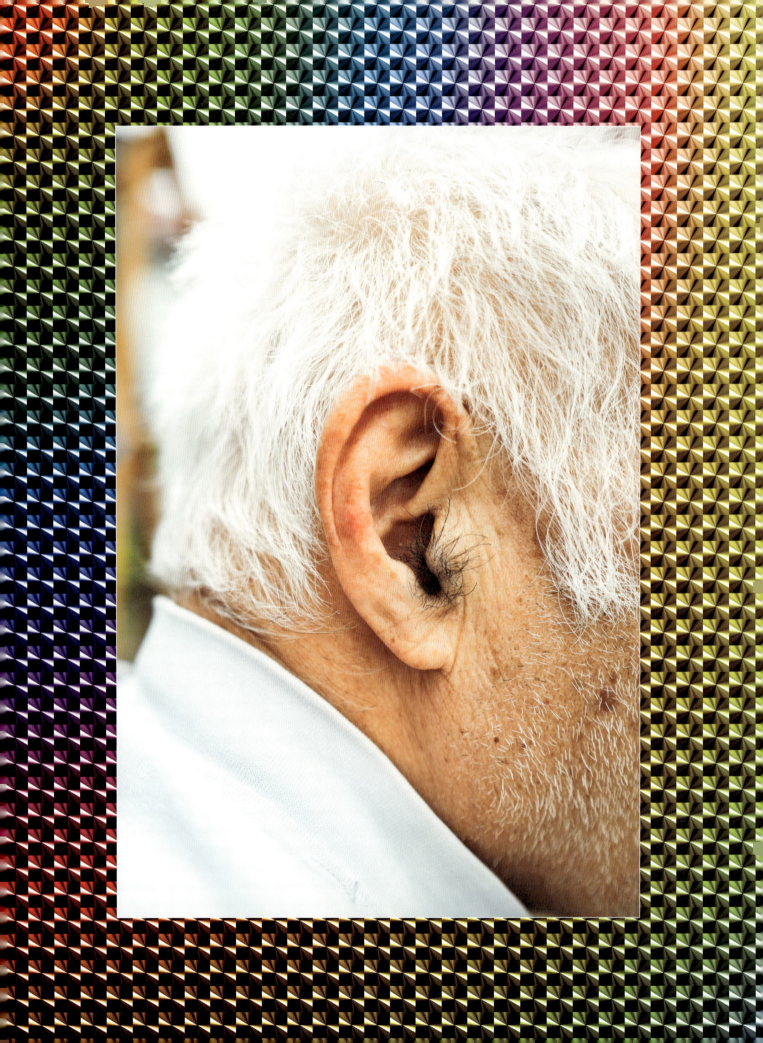

DUNLOP

名 キムチ
数 6個
存方法 要冷蔵
販売者：株式会社 神戸物産

20
10
15
米

日

今日も暑かった各地で猛暑日が出ている朝古西の母ちゃんがお茶のみに見える暑いので今日は何もする気になれない座布団カバを干しただけこのカバーも秋近用がないでも秋もすぐ来る

きうりもだいぶ取れてきた

19 水 晴 今日梅明け

日

天気はかこかこ照りではないがむし暑くそるしい日だった午前古西の母ちゃんと整骨院帰りに買物お昼頃モチノキ薬品来る前回のまちがえた薬と交かん夕方南のばあちゃん又大根を持ってきてくれる

稲田屋 2,840ー
整骨院 古 570ー
モチノキ薬品 便秘のくすり 3,700ー

20 木 晴

16日 日 1くもり 午后1時雨

今日は1日陽が当らずくもり午后2時頃1時夕方のような雨が降ったがすぐやんだ1日外へ出ず部屋の中午前中体がだるく工合が悪くベットでねていた午后になったらだいぶよくなったズボン作業衣のなおし

昨日15日で89才になった長いきしすぎたような気がする暗い気持になる日もある

17日 日 海の日 晴

今日は海の日で休日朝のうち曇って涼しかったのでメヱんの芽かき親だやら枝だやら区別がつかないひるねおきに古西の家へ豆もらいながらお茶をもらってくる夕方ねぎの中の草取り

ねぎの中の草取り

18日 火 日赤眼科検査 午后3時 晴

午前中あまり日光が当らず涼しい感じだった洗濯を午后日赤眼科で視野の検査が3時からありお父さんに送ってもらう帰りは徹也に迎えに来てもらうお母さん会社で転んで骨折して

日赤 920ー
目薬 1,680
ビタミン剤 3,066ー
明日入院にな

19日 ようやく今日梅雨が明け土用に

お母さん日

4月予定表
2016
2016
14

お徳用

鶴
と
TSURU
KAME
亀
第五号

この本をつくっていて気づいたことというか、そうだなあと思ったことがある。

ぼくは今まで、奥信濃のじいちゃんばあちゃんの魅力は何ですか？と聞かれたら、生活力がすごいとか、生きる力が強いとか答えていた。確かにそれもあるんだけど、それが一番じゃないなと思った。なんというか、奥信濃という決して生きやすくない場所で、「しょうがねえ」って生きているみたいなところにグッときているんだと思う。自分も今、生まれ育った奥信濃でそんな感じで生きていこうって思ってるのもある。

じいちゃばあちゃたちは、どこで暮らすかなんていう選択の機会はあまりなく、まあここで生きていくしかねえよなって生きてきた人たちがほとんどだと思う。逆にぼくは、小さい頃から何をしたっていいし、どこで暮らしたっていいって言われて生きてきた。便利で自由な時代のおかげで、色んなところに行ったり、色んな情報をネットで見たりする。でも、どんなに暮らしやすいところだって大変なことはあるっぽいし、もう「素敵な暮らし」をするために選択しなくちゃいけないことが多すぎて、若干面倒くさくなってたりする。だったらもう、この生まれ育った奥信濃で「しょうがねえ」って生きていくか、みたいな。

しょうがねえ、しょうがねえって言ってるけど、そんな悲観的なわけじゃない。現に、奥信濃のじいちゃばあちゃたちは、写真を見ても分かるように貫禄があるし、ナイスキャラだし、適当に着てるファッションだってイケてる。会話や言葉遣いだってすげー言い回しを使ってくるし、聞いていて楽しい。住んでる家だって、古民家でずっと何年も暮らしている家だから、それぞれの家にオリジナリティがある。ぼくは、そんな近所のじいちゃばあちゃたちの写真を撮って「鶴と亀」をつくったおかげで、ずっと昔から聴いてた大好きなラッパーと一緒に団子を食べたり、ばあちゃと朝、一緒に見てたテレビに出てた女優さんや、好きな歌手と会って話をしたりできた。それもすべて「しょうがねえ」って奥信濃でずっと暮らしてきた人たちがいてくれたおかげだから。

でも未だに、うちのばあちゃには「そんなことばっかやってて生きていけねど」だったり「毎月給料もらわねで心配で死なんね」って言われる。それには、ばあちゃに心配かけちゃって申し訳ねえなと思う。けどまあ、きっと心配かけずになんてことは無理なんだろうから、これからも、なんとか死なない程度に奥信濃で「しょうがねえ」って生きていきたいと思う。じいちゃばあちゃみたいに。

鶴と亀編集部　小林直博

鶴と亀 禄

TSURU TO KAME ROKU

制作

鶴と亀編集部
小林直博・小林徹也

アートディレクション＆デザイン

中屋辰平

編集

長嶋瑞木（オークラ出版）

協力

柳下恭平（かもめブックス）
重藤瑠衣
北尾修一（百万年書房）
長谷川リョー

秋田取材

藤本智士（Re:S）
山口はるか（Re:S）
矢吹史子（のんびり）
田宮慎（のんびり）

沖縄取材

中山雄一朗
比嘉幸也